Communication Training

大学1年生からの
コミュニケーション入門

ワークシート課題付

中野美香 著 Nakano Mika

ナカニシヤ出版

まえがき

　今年は 2000 年に入って 10 年目の年にあたります。グローバル化により，世界の社会経済基盤は大きく変化しました。そしてこの状勢はしばらく続く様子を見せています。みなさんは現在生きている世界が当たり前のものだと思うかもしれませんが，いつの時代も他と同じということはありません。その時々がもつ色，匂い，風景といったものは常に独特なものです。歴史の潮流の中で，今には今にしかない特徴，すなわち「時代性」というものがあります。

　今が常に新しい時代であるならば，みなさんはご両親や先生たちが同じ年齢の時に生きた世界とは別の世界に生きていることになります。大人は人生に役立つことを教えてくれるかもしれませんが，時代が違えば常識や価値観は変化します。そのため，今の時代に生きる自分に合うように，教えを解釈し，足りないものは自分で補って，生き抜く方法を自力で見つけていく必要があります。特にこのような不安定で不確実な時代においては，一番頼りになるのはみなさん自身なのです。

　大学生の多くは住み慣れた場所や慣れ親しんだ人たちから離れて，大学という場所で新しい人生を歩んでいこうとしていることでしょう。大学は専門分野の勉強をするだけでなく，社会に貢献すべく教養を深め，人や情報とのつき合い方に関する新しいコミュニケーションの方法を身につける場でもあります。近年ではこの「コミュニケーション能力」が，企業の新卒採用選考時に最も重視される項目になっています。

　コミュニケーションには，自分以外の相手や対象が必ず含まれます。その中でも人とのコミュニケーションにおいて大事なことは，「自分の言葉に責任をもつこと」と考えています。自分の言葉に責任をもつためには，単に辞書的な意味を知るだけではなく，その言葉が使われている文脈や聞き手の立場によってニュアンスが違うことに敏感になる必要があります。受け手にどのようにその言葉が響くか，相手を思いやることは難しいことですが，いつも心がけることが一番大切です。

　みなさんには，本書で学んだことを日々を過ごす中でたまに思い出していただきたいと思います。サークル活動やアルバイトや旅行など，国内に留まることなく国外にも活動範囲を広げましょう。新しい世界に飛び込んで，新しい人たちといろいろなことについて議論をして，体当たりで自分に新しいことを吸収させていくのです。その過程で，世界観を変えてくれるようなかけがえのない友人に出会えることでしょう。その人たちはよきメンター（助言者）となって，みなさんの成長を手伝ってくれるはずです。

　本書は 2007 年度に開講された福岡工業大学工学部電気工学科での講義を中

心に，筆者の実践方法をまとめたものです。話すことがあまり好きではない学生が多い必修の授業でも，興味をもって議論に参加できるように工夫しました。出版にあたっては，本学科の教員や学生をはじめ，様々な方々の協力がなければ本書は世に出ることはありませんでした。この紙面を借りて，心よりお礼申し上げます。

　これから時が経ち時代が変われば，大学生に求められるコミュニケーション能力も変わってくるでしょう。本書は発展段階のため，本書への批判から近い将来，より洗練された入門書が提案されることを期待しています。

　最後に，本書の出版にご快諾いただいたナカニシヤ出版の宍倉由高氏に謝意を表します。

2010 年 7 月

著者　中野美香

目　　次

まえがき　*i*
本書の考え方　*1*

Chapter 1　コミュニケーションの基礎

- 1-1　大学生の学びとコミュニケーション　*6*
- 1-2　コミュニケーションとは何か　*8*
- 1-3　自己理解を深める❶　*10*
- 1-4　自己理解を深める❷　*12*
- 1-5　自分の考えを整理し，伝える❶　*14*
- 1-6　自分の考えを整理し，伝える❷　*16*
- 1-7　様々なコミュニケーション❶：社会スキル　*18*
- 1-8　様々なコミュニケーション❷：アサーション　*20*
- 1-9　コミュニケーションと異文化理解❶　*22*
- 1-10　コミュニケーションと異文化理解❷　*24*
- 1-11　議論の考え方❶　*26*
- 1-12　議論の考え方❷　*28*
- 1-13　議論の考え方❸　*30*

Chapter 2　コミュニケーションの応用

- 2-1　キャリア形成　*34*
- 2-2　就職面接の準備❶　*36*
- 2-3　就職面接の準備❷　*38*
- 2-4　他者の意見を聞き，評価する技術❶　*40*
- 2-5　他者の意見を聞き，評価する技術❷　*42*
- 2-6　自分の意見と他者の意見を比較する❶　*44*
- 2-7　自分の意見と他者の意見を比較する❷　*46*
- 2-8　テーマを分析する❶　*48*
- 2-9　テーマを分析する❷　*50*
- 2-10　自分の意見と他者の意見をまとめる　*52*
- 2-11　ディベートの実践❶　*54*
- 2-12　ディベートの実践❷　*56*
- 2-13　ディベートの実践❸　*58*

Worksheet 課題集❶

- 1-1 大学生の学びとコミュニケーション　*62*
- 1-2 コミュニケーションとは何か　*64*
- 1-3 自己理解を深める❶　*66*
- 1-4 自己理解を深める❷　*68*
- 1-5 自分の考えを整理し，伝える❶　*70*
- 1-6 自分の考えを整理し，伝える❷　*72*
- 1-7 様々なコミュニケーション❶：社会スキル　*74*
- 1-8 様々なコミュニケーション❷：アサーション　*76*
- 1-9 コミュニケーションと異文化理解❶　*78*
- 1-10 コミュニケーションと異文化理解❷　*80*
- 1-11 議論の考え方❶　*82*
- 1-12 議論の考え方❷　*84*
- 1-13 議論の考え方❸　*86*

Worksheet 課題集❷

- 2-1 キャリア形成　*90*
- 2-2 就職面接の準備❶　*92*
- 2-3 就職面接の準備❷　*94*
- 2-4 他者の意見を聞き，評価する技術❶　*96*
- 2-5 他者の意見を聞き，評価する技術❷　*98*
- 2-6 自分の意見と他者の意見を比較する❶　*100*
- 2-7 自分の意見と他者の意見を比較する❷　*102*
- 2-8 テーマを分析する❶　*104*
- 2-9 テーマを分析する❷　*106*
- 2-10 自分の意見と他者の意見をまとめる　*108*
- 2-11 ディベートの実践❶　*110*
- 2-12 ディベートの実践❷　*112*
- 2-13 ディベートの実践❸　*114*

参考文献　*116*

本書の考え方

● 対　象

　本書は大学の学部生を対象に書かれています。これからの人生の基盤となる大学生活で，理系・文系を問わず，「新しいコミュニケーションの方法」を身につけるための基礎的な内容をまとめました。本書は，どちらかというと話すことが苦手な人が気軽に他の人と議論ができるようになることを目的としています。

　学部生以外の方，たとえば高校生や大学院生，社会人の方々にも，コミュニケーション実践の入門書や復習のお供としてお使いいただければ幸いです。

● コミュニケーション技術の3つの枠組

　本書では，コミュニケーション技術の基本的な枠組みはどのような状況でも変わらないと考えます。ここで言う状況は，ディベート，プレゼンテーション，論文作成，学会発表など，「自分の考えをまとめ，それを第三者にむけて発表し，納得してもらうことを目的とする状況」を指します。

　コミュニケーション技術の枠組には大きく分けて，**(1) 考え方のフレーム**，**(2) 表現のフレーム**，**(3) 他者との接し方のフレーム**，の3つがあると考えます。(1) 考え方のフレームには，構成や論理，戦略や分析が含まれます。(2) 表現のフレームには，声の大きさなどのデリバリーからジェスチャーなどの非言語メッセージを伝える方法が含まれます。(3) 他者との接し方のフレームについては，人間の行動や心理についての基礎知識が含まれます。この3つのフレームはお互いに関わり合っているもので，どれか1つだけできればよいというものではありません。コミュニケーションの技術を学ぶことは，自分の考え方や表現方法，そして人間関係を改善する努力をしながら，他者から上手に影響を受けてスキルを磨き続けていく終わりのないプロセスだと考えます。

　本書は，大学生の議論スキルが熟達していくプロセスに沿って，段階的に学習できるよう工夫しました。この3つの枠組や各節の内容を足がかりに，コミュニケーションに対する見る眼を養っていただきたいと考えています。

●構　成

　第1部はテキストです。第1章はコミュニケーションについて学ぶうえで土台となる基礎編とし，第2章は他者とのコミュニケーションに必要な実践的な内容を扱った応用編としました。第2部は，第1部の各節に対応する課題です。

　本書の構成は大学の平均的な講義回数13回に合わせて，2章26節としました。通年の授業であれば，第1章が前期，第2章が後期に相当します。半期の授業であれば，どちらかの章を扱うか，ご希望のテーマを必要回数分，選んでお使い下さい。章立ての順番については，一通りスムーズに学習できるように配慮しましたが，順番を入れ替えられても問題ありません。使用される方のお好みに合わせて，自由に使っていただきたいと思います。

●使い方

　第1部のテキストは，1節につき1つのトピックを扱い，1節で内容が完結するようにしました。第2部の課題も同様に1節につき1つのトピックを扱い，テキストで学んだ内容について練習する課題を作成しました。90分の授業であれば，テキストの講義に30分，課題に60分程度の割合で使用することを想定しています。

　複数の学生が受講する授業で使用される場合は，講義の後，練習のために数人のグループに分けます。グループ構成は，多くの人の意見を取り入れられるよう，メンバーが様々なバックグラウンド（性別，国籍，学部・学科，出身地など）をもっていることが好ましいです。グループの人数は3人から5人が最適です。しっかり考えを掘り下げる場合には3人が，多様な意見をたくさん出した方がいい課題には5人が適当だと考えます。もちろん，ひとりで学習を進めることも可能です。

　課題はあくまで一例であるため，本書をたたき台に学習者の関心やレベルに合致したよりよい課題をつくってください。特に課題中の論題は，学習の充実度を決める重要な要素です。ある節をくり返し使う場合には，論題を変えると新鮮に学習することができます。

●授業科目

　授業で本書が扱われる場合，コミュニケーション一般に関わる教養系の授業や，特定の専門領域での議論スキルを獲得するための授業が中心になることと思います。このような授業の他，卒業研究など書いて他者に考えを伝えるための学習にも適しています。

●もっと学びたい人のために

　本書は大学学部生を対象にしたため，初期段階では学習が困難と思われる内容は除外しました。そのため，一般的なコミュニケーションの実践書とは異なる趣になっているかもしれません。そこでもっと学びたい人のために，巻末に参考文献をつけました。本書でコミュニケーションの基礎についておおよその見通しを立ててもらい，その後は目標に合った文献などを参考に発展的なスキルの研鑽(けんさん)に励んでいただきたいと考えます。

Chapter 1
コミュニケーションの基礎

1-1 Worksheet ☞ p.62
大学生の学びとコミュニケーション

社会人になるために身につけておくべきコミュニケーションの基礎として，本節では大学での学びと自己紹介の方法について扱います。

●大学生の間に学ぶべきこと

大学での学習では，高校までの学習に比べて自発的・自律的な態度が要求されます。高校までは，長期欠席などがなければ進級できないということはほとんどありませんが，大学では一定の知識やスキルを身につけなければ，その科目の単位は得られず，留年することもあります。また，大学では自分の目標ややりたいことに合うように授業を選ぶため，高校とは違って受講する講義が一人ひとり異なります。このような自発的・自律的な態度はみなさんが大学を卒業した時に，社会がみなさんに期待するものなのです。大学での学習では，以下のようなことが大切です。

□スケジュールを立てて計画的に行動する【計画力】
□あらゆることに対して自分なりの考えや価値観をもつ【自己の確立】
□わからないことがあれば，自分で調べて解決する【情報収集力・問題解決力】
□人に指示を受けるのを待つのではなく，自分から行動する【主体性】
□現状に満足せず足りない点はないか省みる【反省力】
□自分のいい点はさらに伸ばし，悪い点は改善する【自己研鑽】
□異文化の他者を尊重し，相手の立場に立って考える【思いやり】
□周りの人と協力し，チームの一員として全体に貢献する【チームワーク】

みなさんが大学を卒業する時には，社会から「コミュニケーション能力，知識獲得力，着想力，思考力，表現力，論理性，独創性」などを身につけていることが求められます。専門知識はもちろんですが，ものごとをしっかり考え，適切に表現し，他者と円滑にコミュニケーションする能力は仕事をする上で必要不可欠なものです。

自分の4年後の姿を心に描きながら，積極的に学習を進めていきましょう。授業の予習・復習の習慣はあらゆることの基礎となります。その他，新聞やテレビなど様々なメディアにアンテナを張り巡らせ，日本だけでなく世界の動きをつかんでいきましょう。自分が社会人としてこれから何をしたいのか，何になりたいのか，自分と対話することが重要です。4年間はあっという間に過ぎます。サークル活動やアルバイトを通して多様な人々と話したり，本や映画か

ら時代性を知るなど,自分が理想とする自分に一歩でも近づけるよう努力しましょう。

●自己紹介

　大学に入学してすでにみなさんは何回も自己紹介をしたことと思います。わたしたちは最初に知らない人と話をする前に,自己紹介をおこないます。自己紹介はコミュニケーションのはじまりとも言えるでしょう。自己紹介でよい印象をもてば,その後のつき合いもうまくいくはずです。一方で,自己紹介で悪い印象をもつと,その後のつき合いがうまくいかなくなってしまったり,問題が起こることもあります。このように自己紹介には他者とコミュニケーションを始める上で,重要な機能があることがわかります。

　それでは,どのような自己紹介をすればよい印象をもってもらえるでしょうか。自己紹介の方法はたくさんありますが,以下の3つのステップを踏むと誰でも簡単に要領よく自己紹介をすることができます。はじめに自分の現在について話します。そのあと,自分の将来について話します。最後に,聞き手との関わりについて話します。この3つの要素を入れることで自分のことを相手によく知ってもらえるだけでなく,仲よくしたいという気持ちを伝えることができます。この3ステップは,それぞれの内容が関連しているとさらに話がわかりやすくなります。

　以下の3ステップを考えて自己紹介をしましょう。

❶自分の現在	いま自分は何をやっているか・どんな状況か
❷自分の将来	自分はこれからどうしたいと思っているか
❸相手との関わり	自分と仲良くなったらどんないいことがあるか

ポイント！
- キーワードは能動性：自ら課題を見つけて,解決する
- 【計画力】【自己の確立】【情報収集力・問題解決力】【主体性】【反省力】【自己研鑽】【思いやり】について考える
- 自分の人生や将来就きたい仕事について具体的に考え,情報収集する
- 相手の立場に立って自己紹介をする
- 話す前に構成を考えてから話す

　課　題
　自分の現在のスキルについて分析してみましょう。また,本節のステップに従って自己紹介をしてみましょう。

1-2 コミュニケーションとは何か
Worksheet ☞ p.64

コミュニケーションという言葉は日常用語でもあり専門用語でもあります。そのため、コミュニケーション（communication）という用語には多様な意味や定義があります。本節では、コミュニケーションの基礎知識について学びます。

◉コミュニケーションの基本概念

心理学の分野においては、コミュニケーションは3つの概念に集約されます（深田, 1999）。それは、❶相互作用過程、❷意味伝達過程、❸影響過程です。

❶相互作用過程としてのコミュニケーション： 当事者が相互に働き掛けと応答を繰り返すプロセス。コミュニケーションを介して、相互理解と相互関係が成立するという立場。
❷意味伝達過程としてのコミュニケーション： 当事者間で一方から他方へと意味を伝達するプロセス。コミュニケーションを介して、意味が共有できるという立場。
❸影響過程としてのコミュニケーション： 当事者の一方が他方に影響を及ぼすプロセス。コミュニケーションを介して他者に影響を及ぼすことができるという立場。

◉コミュニケーションの範囲と定義

一般的にコミュニケーションの当事者は人間を指しますが、どちらか一方あるいは双方が人間以外なこともあります。人間の場合も、個人の場合もあれば、集団や組織の場合もあるでしょう。以上のことを踏まえると、専門的にはコミュニケーションとは「送り手から受け手への言語記号および非言語記号による情報の移動を含む過程である」と定義されます。

◉コミュニケーションの要素とシステムレベル

コミュニケーションは、❶だれが、❷何を、❸どのような経路で、❹だれに伝達し、❺その影響でどうであったか、を含みます。これらは、❶送り手(sender)、❷メッセージ (message)、❸チャンネル (channel)、❹受け手 (receiver)、❺効果 (effect) と呼ばれ、コミュニケーションを構成する基本的な要素です。それぞれの説明と役割は以下のとおりです。

❶送 り 手： コミュニケーションを始めるメッセージを送る主体。頭の中にある伝達したい情報内容を，言語記号や非言語記号に変換する記号化（encoding）が送り手の最も重要な役割。

❷メッセージ： 送り手によって変換された記号の集合体のこと。

❸チャンネル： メッセージが運ばれる経路のこと。時にはメッセージの搬送体としてのメディア（媒体）がチャンネルと同義。

❹受 け 手： メッセージを受け取る主体。送られてきたメッセージの意味を解釈する記号解読が受け手の最も重要な役割。

❺効　　果： メッセージによって送り手が受け手に及ぼす影響のこと。

コミュニケーションをシステムと考えると，システムのレベルでコミュニケーションを分類することができます（表1-1）。

まずコミュニケーションは社会的なレベルと個人的なレベルの2つに大きく分けることができます。その中でも，社会的なコミュニケーションは文化，国家，組織，集団の4つに分かれます。このように，コミュニケーションのシステムレベルを5つに分けて考えることができます。さらにこの5つのシステムレベルにも，同一システム内と同一システム間の2つのコミュニケーションに細分化されます。

表1-1　システムレベルに基づくコミュニケーションの類型

システムレベル		同一システム内コミュニケーション	同一システム間コミュニケーション
社会	文化	文化内コミュニケーション	異文化間コミュニケーション
	国家	国家内コミュニケーション	国家間コミュニケーション
	組織	組織内コミュニケーション	組織間コミュニケーション
	集団	集団内コミュニケーション	集団間コミュニケーション
個人		個人内コミュニケーション	対人コミュニケーション

ポイント！
- コミュニケーションには3つの基本概念がある
- コミュニケーションの当事者は人間以外もある
- コミュニケーションには5つの要素がある
- コミュニケーションはシステムレベルによって細かく分けることができる

課　　題

本節で学習した内容に従って，身のまわりのコミュニケーションを分類してみましょう。

1-3 自己理解を深める❶

Worksheet ☞ p.66

コミュニケーションは自分と他者とのやりとりです。そのため，相手を知ることも大事ですが，その前に自分についてもよく知る必要があります。本節では，自己理解について学びます。

●自己とは何か

わたしたちは初めて会った人に対して自己紹介をします。自己紹介はコミュニケーションの始まりだと考えることができます。みなさんも大学に入学してから，「私の名前は○○です」「△△高校の出身です」というように自己紹介をしたことでしょう。

自己紹介とは読んで字のとおり「自己を紹介すること」ですが，それでは普段なにげなく使っている「自己」とは何でしょうか。自己紹介の他にも，「自己評価」「自己嫌悪」「自己責任」など，自己という言葉は生活の中で多く使われています。

●自己概念

みなさんは自己とは何だと思いますか？ 辞書をひいてみると，自己は「おのれ」「自分」「自身」と書かれています。自己の反対は他者です。この意味から，「自己」が他の人ではない自分自身のことを指すのはわかりますが，「自分自身とは何だろう」という次の問いが生まれてきます。

心理学では，自分がもっている自分についての理解を自己概念（self-concepts）と呼びます。自己概念とは，経験を通した自分への概念化と定義されます（溝上，2001）。たとえば，学業場面においては，「試験で100点をとった」という経験があれば「わたしは頭がいい」と思うかもしれません。スポーツで短距離では1位をとったことはないけれど長距離では1位になったことがあるという場合は，「私は短距離走は不得意だけれど，長距離走が得意だ」と思うかもしれません。食べ物についても，「昔牡蠣（かき）を食べてお腹をこわしたことがあるから，わたしは牡蠣が苦手」という人も多いでしょう。このように，わたしたちは過去

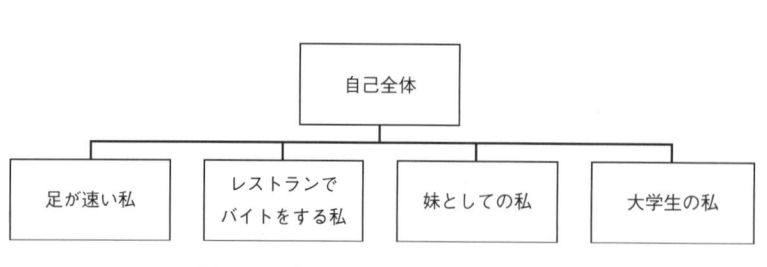

図1-1 個人がもつ様々な自己概念

（自己全体 — 足が速い私／レストランでバイトをする私／妹としての私／大学生の私）

の自分の経験を通して様々な「自分」の見方を形成しています。さらには，友だちに牡蠣を食べに誘われても，「牡蠣は苦手だから，食べに行かない」というふうに，過去の経験から形成されたイメージによって次の行動が決められることがあります。

●人生は自分探しの旅

このように個人の中には様々な自己概念があることがわかりますが，自己概念の多くは自分で意識していないものがほとんどです。自分のことはわかっているようで，わからないものなのです。

自分を探すというと，どこか遠くに探しに行って発見することのように思うかもしれません。しかし実際には，答えはもうすでに皆さんの中にあるのです。自分の知らない自分を知るためには，外在的視点（自分ではなく他の人の視点）を得ることが必要となることもあります。つまり，自分についてよく理解するためには，「自分は何だろう？」と常に自分に対して問いかけたり，他者を通じて答えを探していかなければわからないものなのです。このように考えると，人は様々な他者との関わりを通して自分について理解していくことがわかるでしょう。

> **ポイント！**
> - 自分についての理解を自己概念と呼ぶ
> - 自己概念は1つではない
> - 自己概念は過去の経験に基づいて形成され，次の行動を規定する
> - 自分では自分のことはほとんどわからない
> - 自分は他者の視点を得ることでわかることがある

課　題
❶現在の自分の状態を知るために，5つの質問に答えましょう（☞66頁）
❷自分の主張を組み立てましょう

今の自分の状態について点数をつけて，客観的に捉える練習をしてみましょう。また，グループ作業でそれぞれの評価の点数とその理由を話し，他のメンバーとの違いや共通点について話しあってみましょう。

わたしたちの周りには未解決の問題がたくさんあります。その中でも「死刑制度」と「喫煙」の是非は，近年活発に議論されるようになりました。この2つの社会問題について自分の主張を組み立て，相手に伝える練習をしてみましょう。

1-4 自己理解を深める❷

Worksheet ☞ p.68

1-3の自己概念は過去の経験を通して形成されるという話を踏まえて，本節では「自分というものがどのように形成されるか」について学習します。

●経験と価値

自己を形成していくうえで経験は欠かせないものです。言い換えれば，自己を自己たらしめる要因が経験であるといえます。1つの経験や，**経験の積み重ねとその組み合わせ**が，あなたと他の人を区別し，あなたらしくしていくのです。意識的にも無意識的にも，人は日々の経験によって様々な自己概念をつくり上げながら自己を形成していきます。

経験によって形づくられるのは自己概念だけではありません。わたしたちは何かを経験することで，その経験から様々なものに対する**価値**を自分の中に内在化していきます。価値とは，「よい・悪い」「好き・嫌い」「うれしい・悲しい」などと判断する時の基準になることで，価値には2種類あると考えられています。1つ目は，社会や重要な他者がもつ**社会的な価値**で，2つ目は理想や願望，夢，目標に関する**個人的な価値**です（溝上，2001）。

●価値が内在化される成長過程

わたしたちはこの世に誕生すると同時に，両親や親戚などに育ててもらいました。その後，家の近所の人など，身近な人たちとの交流を通して多くのことを学んでいきます。学校に入れば，さらに多くの先生や友人と出会うことにより，影響を与える人は増えていきます。みなさんは大学に入学して，これまでとは違う専門的な学習環境の中で先生たちから新たな知識や価値を学んでいくことでしょう。社会に出るとさらに，生まれ育った場所も違えば学歴も異なる，多様な経験を積んできた人たちと出会うことになります。

自己の成長に影響を与えるのは直接会える人たちだけではありません。本を読んだり，ニュースを聞いたりすることで，日常生活では会えないような人からも影響を受けることができます。このように人は様々な人や情報との対話により，「これはよい」「これは悪い」といった価値を自分の中に取り入れ，取捨選択し，統合しながら自己を形成していきます。

●自己理解と対話

　このように知らず知らずのうちに，わたしたちは経験から価値を内在化し，自己概念を形成してきたことがわかります。しかし，「どの経験がどのように役立っているか」「どのような価値を自分がもっているか」といったことは自分では当たり前になっていることがほとんどです。そのため，自分自身で自己概念について正確に把握することは困難です。

　そこで自己理解に重要になってくるのが他者との対話です。人と話すと，多かれ少なかれ**共通点**や**相違点**に直面します。自分とは異なる他者を通して，わたしたちは自分がある特定の視点からものごとを見ていることに気づくことができます。

　つまり，対話によって**内在的視点**（＝個人の視点）と**外在的視点**（＝個人以外の第三者の視点）を獲得することではじめて，幅広い思考力を身につけることができると言えます。自分を理解せずに他者を理解することは難しいことです。この２種類の視点を得て，自分の立場に加えて相手の立場に立って考えてみることがコミュニケーションにおいて最も重要です。

ポイント！
- 人は経験を通して自己を形成する
- 価値には，社会的価値と個人的価値がある
- 周りの様々な人の影響を受けながら価値を内在化させ，成長する
- 他者との対話により，内在化・外在化された視点に気づくことができる

　課　題

　これまでの自己理解の講義の内容を踏まえて，あなた自身が形成されていった過程について考えてみましょう。あなたに誰がどのような影響を与えてきたでしょうか？　過去・現在・未来の自分について，自己分析してみましょう。

- 過去　「昔わたしは～だった」
- 現在　「今わたしは～である」
- 未来　「将来わたしは～だろう」

（人前で喫煙はいけない？／喫煙は個人の権利？）

1-5 自分の考えを整理し，伝える❶

Worksheet ☞ p.70

　自分の成長過程に目を向け，コミュニケーションについて学習する土台づくりをしたところで，本節から２回に分けて「自分の考えを整理し，伝える方法」を勉強します。

●人の印象は何で決まるか？

　みなさんは大学に入って，多くの新しい出会いがあったことと思います。初めての人に会った時には，わたしたちはその人に対して何らかの印象をもちます。それは，「この先生はやさしそうだな」「この人は頭がよさそうだな」などといった好ましい印象の時もあれば，「この先生は厳しそうだな」「この人とはあまり関わりたくないな」などといった好ましくない印象の時もあります。不思議なことに，たとえ話したのが一言だけであっても，限られた情報をもとにわたしたちはその人について何らかの印象を抱くということです。

　それでは，第一印象は何で決まるのでしょうか。印象を規定する要因には，❶言語情報，❷音声情報，❸視覚情報の３つがあると考えられています。❶言語情報とは「話の内容の情報」，❷音声情報とは「音質・発音・抑揚などの情報」，❸視覚情報とは，「外見・容貌・態度についての情報」のことです。わたしたちは相手に対して第一印象を形づくるのと同じように，相手もわたしたちについて第一印象をもちます。自分の考えを伝える時には，相手がこの３つの要素から自分の印象を形づくっていることにも注意を払わなければいけません。

●自分の考えをわかりやすく伝えるためには

　第一印象の時と同様にわたしたちは話している最中にも相手から評価をされています。そのため，公式な場で話す時には慌てることのないように，話す内容や伝え方についてあらかじめしっかり考えておく必要があります。自分の意見を相手にわかりやすく伝えるには，内容と伝え方を分けて考えることが役に立ちます。さらに，相手から自分がどう見えているかについても気を配らなくてはいけません。これを先の印象を規定する要因でいうと，❶内容が言語情報，❷伝え方が音声情報，❸見せ方が視覚情報にあたります。この３つについて詳しく説明します。

①言語情報
②音声情報
③視覚情報

内　　容：　内容はマター (matter) と呼ばれることがあります。自分の意見を伝える時には，構成を組み立てることが重要です。話の構成方法にはいろいろありますが，「**主張 + 理由 + 例 + 結論**」の型が役立ちます。まずはじめに，何が言いたいのかを相手に伝えましょう。そして，その理由を述べます。それだけでは相手に伝わらないこともあるので，具体例を出してみましょう。例だけでなくデータが使われることもあります。最後に結論を述べます。この型を使うことで何を伝えようとしているかが相手にわかりやすくなるだけでなく，自分の言いたいことを話す前に整理することができます。

伝　え　方：　伝え方はマナー (manner) と呼ばれることがあります。意見を相手に伝える時に特に重要な点として，「**声の大きさ**」「**話すスピード**」「**声のトーン**」「**間の取り方**」「**アイコンタクト**」があります。相手への伝わり方を自分で正確に評価することは困難です。自分の発表が相手にどのように伝わっているかを常に考えながら，伝え方を確認し修正する習慣をつけましょう。

見　せ　方：　発表においては，発表者自身を含めて発表に関わるものすべてが聴衆に見られていることになります。発表者自身については，どのような服装をするかということでさえ聞き手に重要なメッセージを与えます。発表中にはステージマナーにも気をつける必要があるでしょう。注意を集めるためにジェスチャーを使って話す方法もあります。またグラフなどを効果的に使えば聞いている人が発表内容を理解しやすくなります。

ポイント！
- 第一印象を規定する要因には，言語情報，音声情報，視覚情報の3つがある
- わかりやすく考えを伝える時には，相手の立場に立って，「内容」「伝え方」「見せ方」について工夫する必要がある

課　　題

論題「高校の制服を廃止するべきだ」についてあなたは賛成ですか。内容，伝え方，見せ方に注意して，他の人に自分の意見を伝えてみましょう。また相手がどのような発表をしているか，伝え方に注目して評価してみましょう。

1-6 Worksheet ☞ p.72
自分の考えを整理し，伝える❷

1-5ではお互いに伝え方を評価することで，自分の課題が浮き彫りになったことでしょう。本節では議論の目的と分類について学び，様々な論題に対応できることを目指します。

●異なる立場の人と議論する

自分の意見を発表する時には，相手にただ伝えることを目的とする場合と，自分とは異なる立場の相手と議論する場合があります。前者の場合は，1-5で学んだ内容が役立ちます。一方で，後者の場合は，他の人と意見を交わさなければならないため，自分の考えをわかりやすく伝えるだけでは不十分です。

異なる立場の相手と議論する際には，**主張・反論・総括**の3つの基本的な段階があります。主張とは「自分の言いたいことを伝える」こと，反論とは「相手の意見を評価する」こと，総括とは「自分の意見と相手の意見を比較し，まとめる」ことです。議論は，コミュニケーションの中で最も高度なものだと捉えることができます。

●議論の目的

わたしたちの生活の中で議論はどのような時におこなわれるのでしょうか？
議論は以下4つの目的で使われると考えられています：「**真理の探究**(inquiry)」「**納得させること**（convincing）」「**説得すること**（persuading）」「**交渉すること**（negotiating）」。

「真理の探究」とは，問いによってある真理を探し求めていくことです。「納得させること」とは，他者に自分の主張について同意してもらうために論証することです。「説得すること」とは，他者に自分の主張が正しいことを納得してもらい，ある行動を促すことです。「交渉すること」とは，異なる意見をもち対立する他者との間で双方の譲歩により合意を形成することです。

●なぜ議論が仕事場面で必要なのか？

異なる立場や役職の人たちが集まって仕事をする場面では，議論をおこなわないことはほとんどありません。人と一緒に働くと，単に自分の意見を相手に伝達するだけではなく，真理を探究したり，相手に納得してもらったり，説得したり，交渉しなければいけない場面に直面します。議論の能力は，人が集団

の中で主体的に行動する際に不可欠なものです。

　仕事は時間との戦いでもあるため，相手が必ずしもわたしたちの意見をゆっくり聞きたいとは限りません。仕事が忙しく，耳を傾けてもらえないことはよくあることです。そこで常に心がけなければいけないことは，「**相手にわかりやすく**」「**簡潔に**」意見を伝えることです。自分が理解していても，それを相手に理解しやすく伝えるためには，一層の努力が必要です。

●説得力を支える「理由」と「具体例」

　相手にわかりやすく，簡潔に話すためには，主張の型「**主張＋理由＋例＋結論**」が役立ちます。多くの人は自分の考えを述べる時に，「主張」だけを伝えようとしているのではないでしょうか。

　説得力を決めるのは，「主張」そのものではなく，「どのような理由によってその主張が支えられているか」です。そして，その主張に「例」があると，聞き手は状況を具体的に想像することができます。そして「結論」を言うことによって，相手は主張が完結したことを確認することができます。

　この型は意見をつくる際の参考になりますが，主張に対して理由や例が適切かどうかについては聴き手の判断に委ねられます。従って，自分の意見が説得力があるものかどうか，常に聴き手の反応を確認することが大切です。

ポイント！
- 議論には**主張・反論・総括**の３つの基本的な段階がある
- 議論には「真理の探究」「納得」「説得」「交渉」の４つの目的がある
- 自分の意見は「相手にわかりやすく」「簡潔に」伝えるように常に心がける
- 主張は，「理由」と「例」に適切に支えられることで説得力が増す

　課　題
　論題「日本政府は原子力発電所を廃止するべきだ」についてあなたは賛成ですか。原子力発電所の功罪は現代社会において重要なテーマとして，多くの議論が繰り返されています。
　内容，伝え方，見せ方に注意して，他の人に自分の意見を伝えてみましょう。また相手がどのような発表をしているか，内容に注目して評価してみましょう。

1-7 様々なコミュニケーション❶：社会スキル

Worksheet ☞ p.74

本節では社会スキルの観点から，みなさんが社会人になるにあたってどのようなことを考えておくべきかについて学びます。

●社会スキルとは

人とどのようにコミュニケーションをとるかについては，その人の性格によるところが多いようです。話すことが好きな人は人と話す機会をたくさんつくるでしょうし，逆に話すことが嫌いな人はあまり人と接さない方法を選ぶことでしょう。このようにコミュニケーションに関わる行動は，わたしたちの内面的特徴と関連しています。

一方，性格に関わらず人が社会的な生活を営むためには，TPO（Time, Place, Opportunity）と言われる「時」と「場所」と「状況」によって「とるべき行動」や「とっておいた方がいい行動」というものが存在します。このように，コミュニケーションの行動レベルに焦点を当てたスキルのことを**社会スキル**と呼びます。社会スキルは社会で働く上で不可欠なものです。言い換えれば社会スキルを身につけることは社会で働くための要件になります。

●社会スキルの種類

表1-2は社会スキルの例を示したものです。このリストには基本スキルから異文化接触のスキルまで10のカテゴリーがあげられています。これらのスキ

表1-2　社会スキルのリスト　（菊池ら，1994より抜粋）

カテゴリー	例
Ⓐ基本スキル	聞く，会話を始める，質問する，お礼を言う
Ⓑ感情処理のスキル	感情表現をコントロールする，思いやりをもつ
Ⓒ攻撃に代わるスキル	分け合う，愚痴をこぼす，ユーモアにする，和解する
Ⓓストレスを処理するスキル	ストレスに気付く，不平を言う，気分転換する
Ⓔ計画のスキル	何をするか決める，問題の所在を決める，目標を設定する，
Ⓕ援助のスキル	相手の変化に気付く，相手の要求を知る，相手の立場に立つ
Ⓖ異性と付き合うスキル	自分の気持ちを相手に伝える，相手の気持ちを理解する
Ⓗ年上・年下と付き合うスキル	話を合わせる，相手を気遣う，上手に叱る
Ⓘ集団行動のスキル	参加する，集団の意義を見出す，仕事に集中する，指示に従う
Ⓙ異文化接触のスキル	「同じ」と「違う」を同時に受け入れる，意向を伝える

ルは，個人が社会で他者と協調して生きていくためには必要なものです。このような社会スキルに問題がある人は，対人関係がうまくいかないばかりでなく，対人不安や孤独感，うつ病，アルコール依存症などの適応上の問題を引き起こすことがあります。

社会スキルの場合，自分がどう考えるかより，他者がそれをどう受け止めるかの方が重要だと考えられています。どのような場面でも，コミュニケーションにおいては相手のことを考えることが大事です。

●社会スキルはどのような時に必要となるのか■

社会スキルが必要となる場面は主に5つあります(深田, 1999)。それは，❶「相手の対人反応の読解」❷「対人目標の決定」❸「感情の統制」❹「対人反応の決定」❺「対人反応の実行」です。対人というのは「自分以外の人に対する」ことです。本節では❶❷について詳しく説明します。❸❹❺については1-8で扱います。

❶相手の対人反応の読解：「相手の対人反応の読解」には，対人反応の知覚，対人反応の解釈，対人感情の3つの過程があります。対人反応の知覚は，相手の言語的・非言語的反応のみならず，経験や欲求なども含まれます。知覚した情報から相手の意図や要求を認知するのが，解釈の過程です。そしてその結果，その人に対して肯定的な印象をもったり，否定的な感情をもったりします。

❷対人目標の決定：「対人目標の決定」とは，相手の対人反応を解読することで今自分が置かれている状況を解釈し，そこでの対処方法を決定することです。社会スキルの優れた人は，相手に肯定的な感情をもち，自分と相手の双方に有益な関係を目標とします。一方，そうでない人は否定的な感情の影響から自分の利益を守ることや，相手を攻撃することを目標とします。

ポイント！

- 行動レベルでコミュニケーションに焦点を当てたスキルのことを，社会スキルという
- 社会スキルには感情処理やストレスを処理するスキルなど，様々なものが含まれる
- 社会スキルが必要な場面には，「相手の対人反応の読解」「対人目標の決定」「感情の統制」「対人反応の決定」「対人反応の実行」がある

課　題
自分の社会スキルについて自己評価してみましょう。得意なスキルと不得意なスキルを認識し，今後の課題について考えてみましょう。

1-8 Worksheet ☞ p.76
様々なコミュニケーション❷：アサーション

1-7に引き続き，社会スキルがどのような時に必要になるのかについて取り上げ，社会スキルの１つであるアサーションの考え方を学びます。

●社会スキルはどのような時に必要となるのか❷

❸**感情の統制**： 「感情の統制」とは，❷（前節第２項）の対人目標の決定に伴う感情のことです。社会生活において，感情を適度にコントロールすることが重要です。自分の感情のまま行動するのは子どもとみなされてしまいます。社会スキルの優れた人は，否定的な感情を抑制し冷静に行動しますが，そうでない人は不安や緊張を強く感じたまま行動することがあります。

❹**対人反応の決定**： 「対人反応の決定」には，「スキル因子の決定」「スキル要素の決定」「対人反応の効果予期」の３つのプロセスがあります。「スキル因子の決定」は，目標を達成するために必要なスキルを決定する過程です。たとえば，主張スキルや謝罪スキルなどがあげられます。「スキル要素の決定」には，声の大きさやうなずきや表情などが含まれます。「対人反応の効果予期」は，対人目標を達成できるかどうかだけでなく，「社会的ルールに反していないか」「相手を傷つけることはないか」からも判断されます。社会スキルの優れた人は，豊富なスキルからスキル因子を選択できます。

❺**対人反応の実行**： 「対人反応の実行」とは，決定された対人反応を言語的，非言語的に表す過程です。社会スキルの優れた人は的確な表現が可能であると同時に，自己監視，修正や調整を繰り返しながら最適な行動をとることができます。一方でそうでない人は，言語的反応と非言語的反応がちぐはぐなことに気付かないことがあります。

●人間関係におけるアサーション

他者との関係では，❶「自分のことだけ考える方法」と，❷「自分よりも他者を優先し自分のことを後回しにする方法」と，❸「自分のことをまず考えるが，他者を配慮する方法」の３つの方法があります。あなたはどの方法を普段よく使うでしょうか。

人間関係を良好に保つにはアサーション（assertion）が重要です。アサーションとは，主体的自己主張などと訳される言葉で，1950年代に行動療法と呼

ばれる心理療法の中から生まれました（平木, 1993）。はじめの3つの方法では，❸がアサーションあるいはアサーティブなやり方にあたります。一方，❶は攻撃的，❷はノン・アサーティブ（非主張的）なやり方です。

たとえば，アルバイトなどで同僚に仕事を頼まれた時を考えてみましょう。「そんな仕事を頼むなんて非常識な人だ。できるわけない」と一方的に拒否するのが攻撃的な方法です。ノン・アサーティブ（非主張的）なやり方では，その仕事を引き受けたら支障をきたすのを承知で「いいよ」と言ってしまいます。では，アサーティブなやり方ではどうでしょうか。「今は自分の仕事で精一杯だけど，もう少し早く言ってもらえれば手伝えたと思う」などの応対がアサーションにあたります。

●アサーション・トレーニング

アサーション・トレーニングとは，いかにしてアサーティブなやり方を身につけるかを訓練するものです。相手に気を遣いすぎて自分の主張を伝えられない人や，自己中心的な人，人づきあいが苦手な人には有効だと考えられています。常に1つの方法をとるよりは，状況によって方法を変えることが多いです。

アサーション・トレーニングには，認知面，言語面，非言語面の3領域があります。認知面では，状況や出来事を正しく受け止めることで，感情や反応に非合理的な思い込みが入らないようにすることが考えられます。言語面では，自分に相手を知らせたり，質問を使い分けたり，積極的に相手に耳を傾けることがあります。非言語面では，言語的なものと非言語（アイコンタクトや表情などの視覚情報から，声の大きさや話す速さなどの聴覚情報）を一致させることが重要になります。

ポイント！
- 社会スキルの主なものには10のスキルがある
- 人間関係では，❶攻撃的，❷ノン・アサーティブ（非主張的），❸アサーティブ，の3つのやり方のうち，❸が重要
- アサーションは認知面，言語面，非言語面の3領域からトレーニングできる

課　題
自分のアサーション・スキルについて自己評価してみましょう。また事例を通してアサーティブな行動について考え，今後の課題について考えてみましょう。

1-9 コミュニケーションと異文化理解❶

Worksheet ☞ p.78

　本節では，異文化理解をキーワードに，文化とコミュニケーションについて考えます。

●文　化

　文化という言葉には様々な定義がありますが，ここでは以下の定義を取り上げます：「一定社会の成員が共通にもつ価値観・思考様式や感情傾向のような**内面的な精神活動**，言語行動の特徴などの**身体表現様式**，衣食住のような**物質的生活条件**」。もっと簡単に表すなら，文化の特徴は❶目に見えるもの，❷目に見えないもの，の2つに分けることができるでしょう。個人が属する文化は1つではなく，文化にも「職場の文化」「学校の文化」「家庭の文化」「地域の文化」など様々なレベルがあります。

●自文化と異文化

　みなさんは複数の文化に属していることになりますが，他の人もまた同様に複数の文化に属しています。そうなると，自分と完全に同じ文化をもつ人を見つけることは難しくなります。同じ家庭に育っても，性別や経験が違えば文化も異なってくるからです。このように，文化にも自分のものと他のものがあり，自分がもつ文化のことを「自文化」，自分の文化ではない異なる文化のことを「異文化」と呼びます。

●文化の違い

　「異文化」というと外国を思い浮かべる人もいるかもしれませんが，外国のように遠くに行かなくとも身近に違う文化はたくさんあります。一般的には，共通する文化を多くもつほどお互い理解しあえる部分が多くなるため，コミュニケーションは簡単になります。そして，共通する文化が少ないほどお互い理解しあえる部分が少なくなるため，コミュニケーションは難しくなると言われています。自分が常識だと思うこ

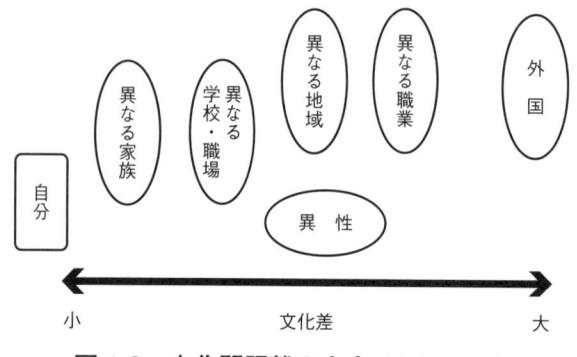

図 1-2　**文化間距離の大小**（金沢，1992）

（図：自分 — 異なる家族 — 異なる学校・職場 — 異なる地域 — 異なる職業 — 外国、異性、文化差 小←→大）

とは，必ずしも相手にとっての常識ではないのです。

文化の違いは，程度の差と捉えることができます。金沢（1992）は，文化間距離の大小を図1-3のように示しました。この図によると，一番文化の差が小さいのは「異なる家族」で，「異なる学校・職場」「異性」「異なる地域」「異なる職業」「外国」の順番に文化差が大きくなります。

●相手を理解したうえでコミュニケーションをとる

社会に出ると，大学より多様な文化をもつ人々と一緒に仕事に取り組んでいかなければなりません。そうなると，自文化の人たちだけでなく異文化の人にも理解してもらいやすい方法でコミュニケーションをとる必要があります。なぜなら，仕事は自分の考えを相手に伝えることから始まるからです。このことは，些細な会話でも正式な場でのプレゼンテーションや交渉などでも同じです。日頃から，「自分の中であたりまえになっているけれど，相手にはあたりまえではないことは何か」を考え，相手の立場に立ってみてください。そして様々な角度から自分の考えを検証してみましょう。

●聴衆分析

異文化の相手によりよい説明をするためには，「自分の主張を聞き手に合わせて話す」という心構えが重要になってきます。そこで気をつけなければいけないのは，「誰が，誰に，いつ，どこで，何を，どんな目的で語るのか」を常に問うことです。聞き手の要求や欲求を知るために，年齢，性別，職業，信念，態度，経験，興味・関心などを分析することを**聴衆分析**と呼びます。聴衆分析が成功すれば，プレゼンテーション，論文などあらゆる場での自分の考えを伝えることの半分以上が成功したといっても過言ではありません。

ポイント！
- 文化には❶目に見えるものと，❷目に見えないものがある
- あらゆるところに文化の違いがある
- 共通する文化が多ければ多いほど，コミュニケーションは簡単になる
- 聴衆分析はコミュニケーションに不可欠

課　題

自分の文化の常識について考えてみましょう。また，論題「小学生の携帯電話の所持を禁止すべきだ」について賛成・反対の両側面から考えてみましょう。

1-10 コミュニケーションと異文化理解❷

Worksheet ☞ p.80

本節では，異文化間コミュニケーションにおける態度について学習します。

●人間関係とコミュニケーション

わたしたちは毎日，友人や家族とコミュニケーションをとります。自分のしたいことを説明することや，相手にしてもらいたいことを説明するなど，コミュニケーションの内容や目的は様々です。コミュニケーションの仕方によって，相手との関係がよくも悪くもなります。お互いに心地よい協力的なコミュニケーションをとるためには，聞き手を尊重して，相手にわかりやすく伝える努力が大事です。

●相手から見える事実と自分から見える事実は違う

何かの事実について自分はすべてを完全に理解していると思っても，間違っていることがあります。正しい場合もあるかもしれませんが，他者と協同で何かをする際には，正しくないかもしれない可能性を考慮することは重要です。たとえば，このような事例を考えてみましょう。

- □ AさんはBさんと待ち合わせしていたが，1時間経っても約束の場所に現れない。
- □ AさんはBさんに裏切られたと思い，怒って電話をかける。
- □「ずっと待っていたのにひどい！ Bさんは時間にルーズで最低な人間だ！」。

待ち合わせでの行き違いはよくあることです。しかし，実は場所を間違っていたのはAさんで，Bさんは時間どおりに待っていたとしたらどうでしょうか。

●異文化に対する態度

わたしたちは多様な文化の中で生活しています。高校までの学校は比較的，同一の文化出身の人々で構成されますが，大学は世界中から異なる背景をもつ学生や教授陣が集まった異文化の集合体です。そして社会に出ると，さらに多様な背景をもつ人に出会います。

異文化に対する態度は2つあると考えられています。1つは**自文化中心主義**(ethnocentrism)で，自分が所属する文化の価値を基準に他の文化を判断する態

度です。もう1つは，**文化相対主義**（cultural relativism）で，自文化を唯一のものとせず，他文化を「違い」として客観的に認める態度です。

異文化に対する態度はコミュニケーションに現れます。自文化中心主義が強く，文化相対主義が弱い場合は，相手を軽蔑し，相手に対して否定的なことを言う傾向があります。一方で，文化相対主義が強く，自文化中心主義が弱い場合は，相手の立場で考えることができ，早急な批評を避けるような話し方をする傾向があります（深田，1999）。

自文化中心主義	文化相対主義	相手との距離	行動例
強い ↕ 弱い	弱い ↕ 強い	軽蔑の距離	相手に否定的なことを言う
		回避の距離	異文化を避けて，話さない
		無関心の距離	文化の違いに関心がない
		感受性の距離	相手の気持ちを考慮する
		対等の距離	相手の立場で相手を見る

図 1-3　文化に対する態度と会話中の心理的距離

●異文化とうまくつき合うためには

文化には上下も優劣も存在しません。それぞれの人がそれぞれのやり方で生活をしています。異文化を批判し，自文化を正当化することは簡単ですが，それでは他者と仕事ができないだけではなく，自分自身も成長しません。

異文化の相手に変化を求める時には，相手には「こうあるべきだ」と価値観を押しつけるのではなく，「こうするのはどうか」と提案しましょう。自分の常識が世界中の常識ではないことをいつも頭の片隅に置いておきましょう。

相手の悪い所ばかり目につく時は，自分を過度に守らなければならないような別の不安要因があることもあります。人を攻撃しそうになったら，その状態や原因を冷静に捉えて，誰かに助けを求めることも重要です。

ポイント！
- コミュニケーションの仕方によって，相手との関係がよくも悪くもなる
- 異文化に対する態度には，自文化中心主義と文化相対主義がある
- 異文化とうまくつき合うためには，「批判」ではなく提案をする
- 異文化の悪い所ばかり見える時には，他に不安要因があることもある

　課　題

論題「大学生は勉強するべきだ」についてあなたの考えを書いてください。その際，「自分から見える社会」と「社会における自分の位置づけ」を考えてみましょう。

1-11 議論の考え方❶

Worksheet ☞ p.82

本節から3回に分けて議論の基礎について学びます。議論では，論題を正しく分析することが求められます。本節では，議論の分析方法として論題の種類と定義について学びます。

●議論にも土俵がある

楽しくおしゃべりしていると，「何の話をしてたんだっけ？」というように，話が横道にそれて始めに何を話していたのか忘れてしまうことがあります。このようなハプニングもおしゃべりの醍醐味ではありますが，公式な場での議論やディベートでは，議論すべき内容からそれてしまわないように注意しなければなりません。相撲と同じように，議論にも土俵があるのです。

●議論の3つの種類

議論の土俵は，論題によって決まります。私たちは日常生活で「事実」「価値」「政策」の3つの種類の問いを含む論題について頻繁に議論しています。裁判での議論は，たとえば「被告は有罪であるか」，といった問いのように事実認定に焦点を当てています。政治的な活動での議論は，「その政策を採るべき」かという問いのように政策決定に焦点を当てています。政治家の話であれば「あの政治家の考えはいいか」といった問いのような価値評価に焦点を当てています。

このように，ディベートの論題には，ものごとの事実関係を議論する「事実論題」，ものごとの価値を議論する「価値論題」，政策など新しい提案に関して議論する「政策論題」，の3つの種類があります。以下に3つの論題の特徴を紹介します。

政策論題： 政策論題は，論題を具体化する行動計画を提案することが中心になります。特徴としては，論題に「〜すべきである (should)」という言葉が入ります。たとえば，「日本政府は消費税を10%にすべき」は政策論題です。

「すべき」という言葉には一般的に「当然・妥当を表すが，必ずしも予測を表すわけではない」という意味があります。論題は，肯定側がある特定の行動計画を施行することが望ましいことを示します。実際の議論では，この計画案が実際に採択されるだろうということを証明する必要はありません。

価値論題: 価値論題は，ものごとの価値を判断することが中心になります。特徴としては，論題に「よい（good）」「重要である（important）」のような価値観を表す言葉が入ります。代表的な論題には，「大学受験合格のためには家庭教師より塾がよい」などがあります。価値論題は，以下の3種類に分けることができます。

❶ AはよいAはよい（A is good.）。
❷ AはBよりよい（A is better than B.）。
❸ Aは最もよい（A is the best.）。

事実論題: 事実論題は，事実の証明が中心となります。特徴としては，論題に「AはBである」という事実関係を表す言葉が入っています。たとえば，「武力は平和をもたらす（Armed forces bring peace.）」は事実論題の典型です。事実論題は価値論題や政策論題と比較すると，具体例やデータの知識をたくさんもっていることが重要です。事実論題は3つの論題の中で最も難しいと考えられています。

●論題の定義

定義とは，ものごとの意味・内容を他と区別できるように，言葉で明確に限定することです。ある言葉を定義することによって，わたしたちは議論すべき対象を具体的にすることができます。何をどう定義するかによって議論の内容が決まります。定義は，議論の方向性を決めるための条件設定でもあるのです。

定義は肯定側と否定側などそれぞれの立場の境界線を明確にし，主張を強めるのに役立ちます。言葉を定義し，その定義に則れば，自分の考えを整理でき，自分が何を言いたいかが明確になります。これにより，議論の相手や第三者に納得してもらいやすい主張を考えることができ議論がかみ合いやすくなります。

ポイント！
- 議論にも土俵がある
- 論題には，政策論題，価値論題，事実論題の3つの種類がある
- 曖昧な言葉は定義することが重要

課　題
論題を分析して，賛成と反対の立場から主張をつくってみましょう。
それぞれの論題の特徴や定義を考慮して，3つの種類の論題をつくりましょう。

1-12 議論の考え方❷

Worksheet ☞ p.84

　自分の考えを他者に伝える際には，あらかじめ様々な視点から情報を収集することで説得力を高められます。本節では，議論に不可欠な情報の収集方法について学びます。

●リサーチとは

　リサーチとは調査や情報収集のことです。議論するためだけでなく，社会について幅広い知識を身につけるためには，普段の生活からリサーチを習慣づけることが重要です。リサーチはただインプットを増やすことだけでなく，アウトプットの質を高めるのに役に立ちます。情報が多いほど判断材料が増え，よりよい意志決定につながります。

　主なリサーチの領域としては，❶専門知識，❷社会情勢，❸その他の教養の3つに分けることができます。❶専門知識については，政治・経済・歴史・科学などの入門書が役立ちます。❷社会情勢は，国内外の新聞やニュースをチェックするとよいでしょう。❸その他の教養については，インターネット上の記事や雑誌など，様々な媒体にアンテナを張り，情報を蓄積しておくことが大事です。

　議論の準備のためのリサーチ：　上に述べた3つの領域におけるリサーチは，特にテーマを絞らない，一般的な方法です。一方で，議論や会議など決まったテーマについて深く情報収集するためには，具体的かつ計画的に調べる必要があります。

　あるテーマについて大まかな傾向をつかむためには，賛成意見と反対意見を

賛成の意見	反対の意見
・ ・	・ ・
・ ・	・ ・

賛成の意見への反論	反対の意見への反論
・ ・	・ ・
・ ・	・ ・

できる限り多く見つけることが役に立ちます。どのような問題にも，賛成と反対の意見があります。この2つを比較することで，よりよい結論がおのずとみえてきます。情報を調べながら，以下のような表に情報を整理していくとわかりやすいでしょう。その際，「意見の内容」だけでなく，「誰が，いつ，どこで言っているのか」についてもメモしましょう。なぜなら，意見はその人の立場によって異なることがあります。内容を整理する際に，その論者の役職や経歴を総合することで，問題の全体像をみることができます。

情報を調べていくと主張だけでなく，ある主張に対する反論もみつかるはずです。ただ単に，賛成・反対の意見を整理するだけでなく，その意見に対する反論や応答の関係についても整理することができれば，問題のうち何が解決されていて何が解決されていないのか，議論の歴史や流れ，争点がみえてきます。ものごとを判断するためには，これまでどのような議論がおこなわれてきたかを知ることが近道です。

●リサーチ・カード

大まかに議論の傾向をつかんだら，自分が抱いた疑問を出発点にさらにリサーチを深めていきましょう。まず何についてリサーチをおこなうのかトピックを決め，さらにそれをリサーチに適した範囲にしぼる必要があります。次に，どのような事柄を調べる必要があるか，疑問点や仮説をトピックごとにカードに書きます。テーマの種類に関わらず，表1-3のようにトピックの語句の定義，歴史的背景，現在の状況・傾向，肯定・否定側の論点などが重要な項目になります。

表1-3 論点のしぼり方

問1	定義
問2	近年の動向（増加・減少傾向など）
問3	問題をめぐる意見の対立
問4	問題に関連する政策や取り組み
問5	問題の解決策・改善方法

ポイント！
- リサーチは専門知識，社会情勢，その他の教養など領域に分けて情報収集する
- 大まかに問題を分析するためには，賛成意見と反対意見，それぞれに対する反論に分けて情報を整理する
- 全体像をつかんだら，自分なりの質問や仮説を立て，カードにまとめる

課　題
死刑制度についてリサーチをして，どのような意見があるのか調べてみましょう。

1-13 議論の考え方❸

Worksheet ☞ p.86

本節ではディベートの基本的な内容について学びます。ディベートを通して，これまでの授業で学習した内容を実践してみましょう。

●ディベートとは？

みなさんの多くは「ディベート」という言葉を聞いたことがあると思います。ディベートは，「1つの論題に対して対立する立場をとる話し手が，聞き手を論理的に説得することを目的として議論を展開するコミュニケーションの形態」と定義されます。過去10年ほどの間で，ディベートの重要性は日本社会で広く認識されるようになりました。最近では，就職面接の採用試験の中で使われる例があります。

ディベートは，手段にも目的にもなります。ディベートを手段にする場合は，ある論題についての考えを深めたり，議論の方向性をシミュレーションする時に使われます。ディベートを目的にする場合は，議論に必要なスキルを身につけるために教育的に行われるものなどがあります。この本では，ディベートができるようになることを目的の1つとしていますが，同時に，ディベートを論題に関する知識を身につける手段としても捉えています。

ディベートは，賛成・反対側の意見を客観的に聞いている第三者の聴衆を説得することが最終的な目的です。立場を決めるのは，あえてその立場に立つことで見える世界を明らかにするためです。異なる立場に立つ意見を比較することで，聴衆はその論題について様々な観点から検討することができます。ディベートでは感情的に相手を打ち負かすのではなく，聴衆に対していかに冷静に議論を分析して伝えるかが重要です。

●ディベートの形式

ディベートでは異なる立場の論者が，それぞれのよい点や悪い点などについて意見を交わします。その光景は，賛成派と反対派が喧嘩をしているように見えるかもしれませんが，そうではありません。ディベートは，立論，反駁，総括という3つの異なるパートで構成されます。立論では，自分の立場の主張を述べます。反駁では相手の主張に対して反論します。総括では，議論全体をまとめます。

世界には様々なディベート形式がありますが，広く使われているものに次のようなものがあります。この形式では各チームが1回ずつ，主張・反論・総括

をおこないます。賛成側チームから始め，賛成側チームで終わるのが慣例であるため，最後の総括では賛成側と反対側の順番が逆になります。この形式の場合は，1チーム2人から3人で構成され，2人チームであれば1人が主張と総括を，もう1人が反論を担当します。3人チームであれば，それぞれが1つずつ役割を担当します。

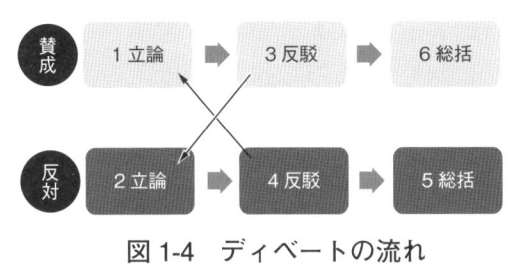

図1-4 ディベートの流れ

賛成：1立論 → 3反駁 → 6総括
反対：2立論 → 4反駁 → 5総括

●ディベートの教育的意義

議論が社会で役立つことは，これまでの授業でも説明しました。ディベートを通して，わたしたちは議論について多くを学ぶことができます。ディベートのスキルを身に付けることの主な利点としては，以下の6つがあげられます：**批判的思考力，論理的な思考力，迅速な思考力，情報収集・活用能力，口頭発表能力，傾聴能力**。

上記にあげた能力は，いずれも仕事をおこなううえで必要不可欠なものです。これから練習する際には，どのような能力が自分に足りないのか，練習を通してどのような能力がついたのかなど，自分で自分の状態を意識して学ぶと効果的です。経験や知識などのみなさん自身が成長するほど，議論の内容も充実したものになります。

ポイント！
- ディベートは手段にも目的にもなる
- ディベートは反対チームではなく，第三者である聴衆を説得する
- ディベートを通して高度な能力を身に付けることができる。自分の状態を意識して学ぶと効果的

課題

論題「キャンパス内の喫煙を禁止するべき」についてあなたは賛成ですか。近年，環境問題に対して関心が高くなり，公共の場での禁煙化が進むなかで，喫煙を全面禁止する大学が増えています。賛成と反対の立場から主張を考える練習をします。

Chapter 2
コミュニケーションの応用

2-1 キャリア形成
Worksheet ☞ p.90

本節では「キャリア」について学習し，コミュニケーションを通じたこれからの人生設計について考えます。

◉キャリアとは？

「キャリア・アップ」や「キャリア・ウーマン」といったように，キャリアという言葉は日本でもよく使われるようになりました。もともとキャリア（= career）というのは，主に職業・技能上の経験や経歴のことを指します。専門的には，キャリアは「仕事や生活が時とともに発達する段階」と定義されます。エドガー・H・シャインは，キャリアには以下の10の段階があると考えました。第1段階「成長，空想，探索をする」に始まり，第10段階「退職する」で終わるようになっています。

表2-1　キャリアの段階（Schein, 1978）

第10段階	退職する
第9段階	仕事から引き始める
第8段階	勢いを維持する，回復する，ピークを超える
第7段階	キャリアなかばの危機に自分を再評価する
第6段階	終身雇用を獲得し，長く成員でいられようにする
第5段階	一人前として認められる
第4段階	基礎訓練を受け，社会化し，組織になじむ
第3段階	仕事生活に入る
第2段階	教育と訓練を受ける
第1段階	成長，空想，探索をする

大学生のみなさんは，社会人としてキャリアを積むための教育と訓練を受けている第2段階にあたります。そして，就職をもって第3段階に入ります。この表を見ると，就職した時点では第3段階にしか達しておらず，それから退職するまで様々な段階があることがわかります。注目すべき点は，第7段階の「キャリアなかばの危機に自分を再評価する」というところです。人の仕事生活は，就職すれば終わりというようなものではなく，仕事を通じて様々なステップを踏みながら成長し，時には挫折を繰り返しながら，経験を積み上げていくものなのです。

●あなたのキャリア・アンカーはどれ？

　キャリアには多くの人が経験する一般的な段階があることがわかりました。それとは別に，シャインは人にはキャリア上で重視する点が異なることを発見し，それをキャリア・アンカーと呼びました。アンカーは碇（いかり）のことで，船が碇を降ろすように，わたしたちも人生を歩む中でどこかに碇となるものをもっているという考えです。

　表2-2に示すとおり，アンカーには8つあります。アンカーは1人につき1つあてはまるというものではなく，複数の組み合わせの中から自分らしいアンカーが見つかることがあります。大学の先生に多いアンカーは，「専門・職能別コンピタンス」かもしれません。みなさんはどうでしょうか。キャリア・アンカーは環境や状況に応じて人生の時々で変化します。就職においては，キャリア・アンカーからわかるような自分の希望と，企業が求める人材のマッチングを図ることが重要です。

表2-2　キャリア・アンカー

	アンカー	重視点
1.	専門・職能別コンピタンス	自分しかできないこと，エキスパートであること
2.	全般管理コンピタンス	組織の経営管理，権威
3.	自律・独立	束縛されず，自分のペースで働くこと
4.	保障・安定	安全で確実なこと，予測可能なこと
5.	起業家的創造性	新しい商品をつくって，事業をおこすこと
6.	社会貢献	自分の価値観をもって世の中をよくすること
7.	純粋な挑戦	不可能を可能にすること，挑戦そのもの
8.	生活様式	私的な生活と職業生活のバランス

ポイント！

- キャリアは「仕事や生活が時とともに発達する段階」を指す
- キャリアには10の段階がある
- キャリアで重視するものをキャリア・アンカーと呼ぶ
- 8つのキャリア・アンカーがある

課　題

　あなたのキャリア・アンカーが何か自己診断してみましょう。自分のキャリアについて考えたことをグループで発表しましょう。

2-2 就職面接の準備❶

Worksheet ☞ p.92

近年，就職面接でコミュニケーション能力が重視されています。本節から2回に分けて，就職面接について学習します。

●採用までのステップ

① 書類審査
② 筆記試験
③-① グループ面接
③-② 個人面接
④ 内定

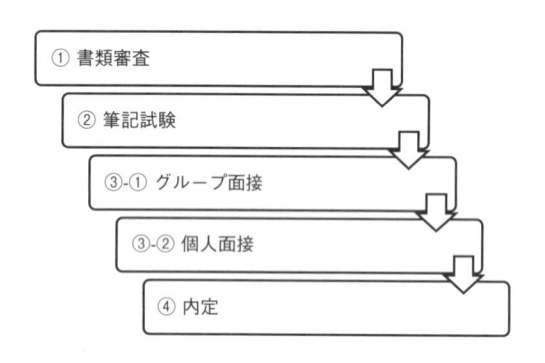

図2-1 採用までのステップ

特殊な場合を除いて，採用内定をもらうまでには一般的なステップがあります。それは，①書類審査，②筆記試験，③面接，④内定です。はじめに，就職を希望する企業を選び，エントリーシートと呼ばれる書類を提出します。エントリーシートには，志望の程度・熱意，国語能力，保有資格，学歴・学業成績などを書きます。この段階で企業の条件に合えば，次の筆記試験に進みます。筆記試験では，一般常識能力試験や仕事への適性検査などが実施されます。この後，試験に通ると面接を受け，最後に内定をもらうことになります。面接では，コミュニケーション能力や人柄，実技などが審査されます。

●グループ面接と個人面接

近年では2種類の面接をおこなう企業が増えてきました。それは，グループ面接と個人面接です。2つの大きな違いは，面接を受ける学生の数です。グループ面接は5～10名程度の集団でおこなうのに対し，個人面接は1名で面接を受けます。個人面接では，面接官と学生のやりとりが中心になります。一方でグループ面接では，複数の学生同士で話し合いをすることが多いため，学生同士のやりとりが中心になります。

グループ面接をおこなう企業が増えている理由は，学生の多面的な能力が測れるためです。学生が将来，同僚とどのようにコミュニケーションをとるのか判断しやすくなります。たとえば以下のような点が面接官から見られています。

▶ 不意の予期せぬ質問にどう答えるか？
▶ リーダーシップは？
▶ チームワークは？
▶ 人間性は？

他方，企業側の都合もあります。グループ面接には，個人面接と比較する

と大人数を一度に低コストで試験・評価できるという利点があります。

●企業が新卒者に求める能力

みなさんの多くは大学生活を終えると社会人として働くことでしょう。ほとんどの学生は，3年生になると就職活動を始めます。この時点で自分自身を分析し，自分のやりたいことをみつけていなければ，就職活動が困難になります。そこで，1年次，2年次からすでに就職のことを念頭に置いて生活を送ることが重要です。すみやかに希望する企業から内定をもらう学生ほど，早い時期から十分な対策を練っています。

就職活動について考える時には，自分が希望する職についてはもちろんですが，就職は相手に雇ってもらわなければ始まらないため，「相手を知る」ことが何より大事です。表2-3 は，日本経済団体連合会（経団連）の新卒者採用（2010年3月卒業者）に関するアンケート調査結果です。コミュニケーション能力は7年連続で1位となっています。

表2-3　企業が新卒者に求める能力

1位	コミュニケーション能力
2位	主体性
3位	協調性
4位	チャレンジ精神
5位	誠実性

●自己分析

自己分析は，自分の過去から現在までの体験を振り返り，自分の性格や生き様を認識することで，将来計画を考えるのに役立ちます。「自分を知ること」は「企業を知ること」につながり，ひいては「その企業が求める人材を知ること」につながります。まずは，就職活動について情報収集しましょう。こまめにニュースを見たり，新聞を読んで，自分の考えをまとめ，社会がどのような方向に動いているのかについて予測することも重要です。

ポイント！
- 内定をとるまでには一般的なステップがある
- 企業が新卒者に求める能力の一位はコミュニケーション能力
- 自己分析が就職活動の鍵

課　題
自己分析の一環として，自分の強みと弱みを分析してみましょう。また半年間の目標を立て，残りの大学生活の計画を考えてみましょう。

2-3 就職面接の準備❷

Worksheet ☞ p.94

本節では就職面接におけるグループディスカッションの方法を学びます。

●就職面接でコミュニケーション能力が重視される理由

みなさんは，社会人として働くためにコミュニケーション能力が重要なことはすでに理解していることと思います。就職面接においても，コミュニケーション能力を採否の重要な決定要素と考える企業が増えています。

企業がコミュニケーション能力を重視する理由として，仕事は会議で動くという特徴があります。一日の始まりには，朝礼や朝のミーティングがおこなわれます。そのほか，営業会議，企画会議，商品開発会議，新商品会議など，会議の例をあげればきりがありません。人と一緒に働くということは，周りの人たちと一緒に意思決定をし，その決定事項に基づいて組織をよりよい方向に進めていくことです。社会で求められるコミュニケーション能力は，以下のようにまとめられるでしょう。

- 自分とは異なる価値観をもつ他者と協調し議論しながら，臨機応変にその場の目的に適した意思決定をおこなう能力
- および，それを身につけるために努力し，成長しようとする意思

●ディスカッションの出題形式

その人が他者とどのように接するかは，グループでの話し合いによく表れます。多くのグループ面接では，学生同士の話し合いの中でコミュニケーション能力が評価されます。グループ面接でのディスカッションは主に，**自由討論**，**インバスケット**，**ケーススタディ**，**ディベート**の4つのカテゴリーに分類することができます（上田，細田，2009）。それぞれの特徴と具体例は以下のとおりです。

- 自由討論：与えられたテーマについて自由に討論
  - 社会人として必要なものは？
  - 規制緩和とは？

- インバスケット：選択肢の中での順位づけの妥当性を説得
  - 無人島に何を持って行くか？（ピストル・本・犬・筆記用具・ゲーム）

- ケーススタディ：ビジネスのシミュレーション
  - A町にコーヒー屋を新規出店する際の企画戦略

- ディベート：賛否に分かれて議論
  - 動物園の是非
  - 環境保護と企業の利益

ディスカッションでは，以下のことを注意しましょう。
▶テーマを分析し，話す方向性や構成を決めてから話す
▶自分の意見が相手に伝わるようにわかりやすく話す
▶他の人の意見や質問を正確に聴き取る
▶身ぶり手ぶりを効果的に使う

●ディスカッションの評価方法

　グループディスカッションの評価方法は企業によりますが，多くの場合は❶発言方法と，❷発言内容の2つに分けられます。❶発言方法は，積極性，リーダーシップ，協調性，態度・表情，聞き方などです。❷発言内容は，課題読解・分析力，知識量，説得力・論理性，まとめ方・展開力，独創性，などです。これらの項目に従って，面接官は点数をつけます。
　評価基準を見ると，どうしていいのかわからない人もいるかもしれません。誰もが面接では緊張します。大事なことは，自分を偽らないということです。面接官は，面接時の学生の能力や態度に加えて，これからの「のびしろ」を見ています。「会社に入ってこの人はどれだけ人とうまくやりながら成長していくのだろうか」という視点です。この可能性を見出される人には，謙虚さや素直さがあるでしょう。知らないことがあれば知らないと断ったうえで，自分なりの考えを述べてみましょう。等身大の自分をアピールすることが最も重要です。

```
ポイント！
●グループ面接によく使われる形式は4つある
●ディスカッションではその人の人間性が表れる
●ディスカッションでは発言方法と発言内容が評価される
```

課　題
　グループ面接の練習をしてみましょう。面接官役，学生役に分かれて，面接のシミュレーションをしてみましょう。

2-4 他者の意見を聞き，評価する技術❶

Worksheet
☞ p.96

本節から2回に分けて，反論の方法について学習します。反論は第1章で扱った主張の型と関連しています。

●反論とは何か

ものごとには賛成と反対の側面があります。ある問題を理解するためには，一方向から見るだけでは不十分で，賛否両方の側面から考える必要があります。さらにそれぞれの意見が本当に正しいのかを検証するために，一度疑ってみることも役立ちます。

反論とは，「ある主張に対して，それが正しくない可能性があることを，理由を用いて主張すること」です。反論は，ただ否定するためのものではなく，主張の蓋然性（＝確からしさ）を高めるためにおこなうものです。異なる意見をもつ人と反論し合うことによって，お互いの主張の弱点を補強し，より説得力のある主張をつくることができます。反論は異なる意見をぶつけることで新しいアイデアを生み出す，創造的なプロセスでもあります。このように考えると，反論してくれる人は敵ではなく，主張をよりよくしてくれる仲間と捉えることもできるでしょう。

●反論の重要性

反論が重要な理由は2つあります。1つは，相手の主張を正しく理解するためです。ある主張を正しく判断するためには，反論の技術を身につけることが不可欠です。誰かの意見を聞いて「おかしい」と思っても，その主張がおかしい理由を説明できなければ同意したと考えられてしまいます。ある主張が反論可能かどうかを検討することは，その主張が正しいかどうかを検証することでもあります。

2つ目は，自分の主張の説得力を高めるためです。反論の技術は，相手の主張を評価する時だけでなく，自分が主張をする時にも役立ちます。自分の主張に対する反論を想定することで，主張の説得力を高めることができます。今から説得しようとする相手の立場や，その人が抱くであろう疑問や反論をあらかじめ予想することで，それに合わせた主張を準備することができます。

●反論の型

反論で大事なことは，常日頃から様々なことに対して反論を考える習慣をつけることです。反論は簡単ではありませんが，慣れてくると主張を聞くのと同時に反論が頭に浮かんでくるようになります。

反論を考える枠組みとして，以下の5種類の型が役立ちます。相手の主張に対して，まず「納得したか」「納得しないか」について判断しましょう。「納得しない」場合は，全否定である「❶そうではない」と，部分否定である「❷必ずしもそうではない」の2つの反論が使えます。一方で，「納得した」場合でも，反論の余地はあります。まず，話している論題や文脈において「❸関係ない」「❹重要ではない」と言う方法があります。また何らかの問題が指摘された場合は解決策を示し，その問題が「❺解決可能」であると言う方法があります。

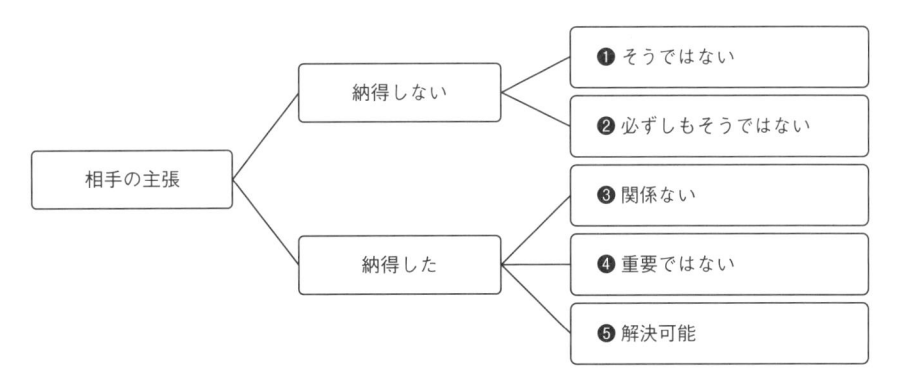

図2-3　反論の5つの型

どう反論すればよいかわからない場合でも，5つのいずれかの型にあてはめてみることで，言いたいことを明らかにしやすくなります。この反論の難しいところは5種類もあって，正解がないことです。反論を通して何を言いたいか，しっかり考えましょう。

> **ポイント！**
> - 反論では，ある主張が正しくない可能性があることを指摘する
> - 反論の技術を磨くと，主張の技術も同時に高めることができる
> - 反論では5つの型が役に立つ

課　題

反論の5つの型を使って，反論を考えてみましょう。また，反論を想定して主張を考える練習をしましょう。

2-5 他者の意見を聞き，評価する技術❷

Worksheet ☞ p.98

本節では，反論する際に考えておくべきことと，反論のわかりやすい伝え方について学習します。

●反論されることは悪いことではない

相手から反論をされるとどのような気持ちになりましたか？　自分の主張について反論されると，あまりいい感じがしないかもしれません。中には，「どうすれば反論されないか」ということについて考え過ぎてしまう人がいます。しかし，相手からの反応をさえぎってしまっては，話し合いになりません。

相手の反論を想定して主張をつくることは重要ですが，それは反論されないことを目指すこととは違います。反論に対して柔軟に応えられる主張をつくることが重要です。相手から何か言われたらあきらめるのではなく，反論をたたき台にして「そうかもしれないけれど」と自分の主張の新たな側面を引き出すのがよい議論と言えるでしょう。

●反論の伝え方と相手への配慮

誰でもほめられると嬉しいですが，一方で悪いところを指摘されるのは嬉しいものではありません。反論は相手の弱い点を指摘することですので，反論をおこなう際には伝え方に特に気をつける必要があります。

議論では，「議論をしている人」と「議論の内容」を区別することが重要です。反論は「議論の内容」に対しておこなうもので，「議論をしている人」に対しておこなうものではありません。反論をする方もされる方も，しっかり区別するようにしましょう。そうしないと，感情的なけんかに終わってしまうかもしれません。

そうならないためには「議論をしている人」と「議論の内容」を区別することは難しいと認識しましょう。そのうえで，両者を区別するように努力することが大事です。

●反論の考え方

2-4で紹介した反論の型の考え方について，❶❷❸の順番に分けて詳しく説明します。

❶納得したかどうかを決める：相手の主張に対する立場の決め方を紹介しま

す。「納得しない」か「納得した」かで迷ったら，「納得しない」を選びましょう。なぜなら，「納得しない」は相手の主張を否定するものですが，「納得した」は相手の主張を一部分でも認めたことになります。反論においては，前者の方が強い反論になります。しかし，無理に「納得しない」を選ぶ必要はありません。

❷相手の主張に納得しない場合：「納得しない」場合の反論の考え方を紹介します。①「そうではない」②「必ずしもそうではない」の2つで迷ったら，「そうではない」を選びましょう。①「そうではない」は全否定で，②「必ずしもそうではない」は部分否定です。反論では全否定の方が部分否定よりも強くなります。

❸相手の主張に納得した場合：「納得した」の場合の反論の考え方を紹介します。こちらは，先に述べた「納得しない」場合と異なり，下位3つに明確な優劣はありません。反論したい内容に適したものを選ぶとよいでしょう。ただし，「関係ない」「重要でない」については注意が必要です。「関係ない」「重要でない」と言っても根拠が不明瞭であれば，「関係あります」「重要です」と簡単に否定されてしまいます。このように，反論に対する相手からの反応についても想定することが大事です。

●反論のモデル

反論を相手に伝える時には，表2-4のモデルが役立ちます。はじめに，今から相手の主張のどの点に反論をしようとしているのか伝えましょう（段階❶）。段階❷では，反論の型を使って簡潔に反論の主張を述べます。段階❸では反論の理由を説明します。段階❹では，例やデータを示します。反論においては，段階❹の例やデータは必ず必要なわけではありません。最後に段階❺で結論を言います。

表2-4 反論の枠組み

段階❶	引用	彼らは「〜」と言いました。
段階❷	主張	しかし，〔反論の型〕
段階❸	理由	なぜなら〜
段階❹	例・データ	たとえば〜
段階❺	結論	したがって〜

ポイント！
- 反論されないのではなく，反論に応えられる主張をつくることを目指す
- 反論する時には相手への配慮が特に重要
- 反論には5種類あり，5つの段階を踏むと反論がわかりやすい

課　題
反論の5つの型をつかって，反論を考えてみましょう。また，反論のモデルに従って，相手に配慮しながら反論をわかりやすく伝える練習をしましょう。

2-6 自分の意見と他者の意見を比較する❶

Worksheet
☞ p.100

本節では，自分の主張と相手の主張を比較する方法について学習します。

●比較するとは？

わたしたちは何かを「比較する」ことを日々おこなっています。比較するとは，2つ以上のものを比べ合わせて，そこに認められる共通点と相違点を明らかにすることです。

選択肢が1つしかない場合は考える必要はありませんが，2つ以上のものごとを取捨選択するためには比較することが不可欠です。みなさんは，大学進学を決める時に，進学すべきか，すべきでないかということを考えたかもしれません。その時に，多くの人は進学する場合と進学しない場合の状況を比較したことでしょう。

●議論における比較

比較することは議論でも重要です。なぜなら，議論においては意見が1つしか出されないということはほとんどないからです。参加する人が多ければ多いほど多様な意見が出てくるでしょう。その時に，主張はできても比較ができなければ，みんなの意見をまとめたり，結論を出すことが難しくなります。

議論においては，自分の主張と相手の主張を比較することが求められます。比較することで，お互いが似ているところと，似ていないところを明確にすることができます。そうすると，何を議論すべきか，何を議論すべきでないかがおのずとわかってくるのです。複数の人から主張が出されたら，それぞれの主張の共通点と相違点を探って，議論すべき点は何かを考えましょう。

●比較の基準

何かと何かを比較してみると，比較する基準は1つだけではないことがわかります。ある点においては似ていても，視点を変えてみると違うということがあり得ます。ただ単に1つの基準で比べてみるだけでなく，比較する前にどのような基準があり得るのか，できるだけたくさんあげてみることが重要です。

たとえば，みなさんは一人暮らしをするにあたっていくつかの物件から最も希望に近いもの1つを選ぶことがあったでしょう。部屋選びの際の一般的な判断基準としては，「家賃」「広さ」「間取り」「立地」「階数」「アクセス」などが

あります。このうち「家賃」の1つの基準で比較して一番安い部屋を選んだばかりに，バス・トイレがなかったり，まったく日が当らない，築年数100年というような部屋になってしまうこともあるかもしれません。比較をする前に，どの基準が満たされていれば最低限よしとするかを考えることも大事です。

●基準の優劣

このように，1つ何かを決めるにしても様々な比較基準がありえます。基準には，誰でも思いつくような一般的な基準や，個人差の大きい特殊な基準があります。先の「家賃」や「間取り」などが一般的な基準だとすれば，「東南角部屋」「インターネット常時接続」「24時間セキュリティ」などは個人によって重要性が違うでしょう。

このように比較には様々な基準がありますが，さらに基準自体には優先されるべきものと，優先されないものの順番があります。すべての基準を同等に吟味していては，しまいには該当する選択肢がなくなってしまうからです。

●比較の根底にある価値観

比較には無数の基準があるため，何を基準に選ぶかはその人の価値観が反映されます。何かを比較する時にははじめにできるだけたくさんの基準を出して，一般的な基準と特殊な基準に分けてみましょう。何が一般的で何が特殊かは，他の人の意見を聞いてみないとわからないものもあります。

いろいろな基準が浮き彫りになったら，優先順位をつけてみましょう。『「家賃」は絶対に5万円以内でなければだめだけど，「広さ」はぜいたく言えないな。それよりも，大学に近い「アクセス」の方が大事だな。』この場合の優先順位は，1位「家賃」，2位「アクセス」，3位「広さ」となります。ものごとを比較し，希望のものを選ぶプロセスでは，自分が何を大事にしているかという価値観を意識することが不可欠です。

ポイント！
- 比較では，2つ以上のものを比べ合わせて共通点と相違点を明らかにする
- 比較には様々な基準があり，基準の中にも優先順位がある
- ものごとを比較し選択するには，自分の価値観に気づくことが不可欠

課　題

1人暮らしのための部屋を選ぶ状況を想定して，条件を考えてみましょう。またなぜその条件が大事だと考えたのか，理由についても考えてみましょう。

2-7 Worksheet ☞ p.102
自分の意見と他者の意見を比較する❷

本節では，ものごとを比較するうえで重要な定義について学習します。

●言葉を定義する

　定義とは，ものごとの意味・内容を他と区別できるように，言葉で明確に限定することです。定義は，その言葉を使うことによって意味する範囲を限定する機能があります。反論の方法を学習した時にわかったように，ある主張はすべての場合に当てはまるわけではありません。定義によって，自分の考えを適用しようとしている範囲と，そうでない範囲を分けることができます。定義のスキルは，論理的な表現力・思考力を身につけるうえで必要不可欠です。

　言葉を定義することによって，自分の考えを整理できます。定義を考える過程で，自分が何を言いたいかが明確になるのです。そして，明確な定義に基づいた主張は聞いている人に納得してもらいやすくなります。定義には，言葉の意味を正確に理解し，人によってその言葉から想像するニュアンスが違うことをしっかり考えることが求められます。

●議論と定義

　議論では何をどう適切に定義するかが重要です。定義によって，議論の範囲が狭くなりすぎたり，内容が偏ることがあります。一方で，定義によって範囲が広がりすぎて，双方の意見がかみ合わないということもあります。

　議論においては，定義は肯定側と否定側の境界線を明確にし，両者の立場や主張を強めるのに役立ちます。定義は，その議論における条件設定でもあります。よい定義をするためには，単に曖昧な言葉を明確にするだけでなく，賛成側と否定側のそれぞれの論点を網羅し，議論全体を通じて争点となるポイントを発見する必要があります。

●定義は最初に

　多くの議論では，立場を代表する一番目のスピーカーが論題の曖昧な言葉や状況を定義します。ここでは，一番目のスピーカーというのが重要です。議論がいったん曖昧なまま始まってしまうと，それぞれの考えが拡散してしまいスタート地点に話を戻すのは困難です。議論を始める前に，あらかじめ議論の範囲を明確にして，自分の主張を出さなければ，聞いている人にとってはわかり

にくい話になります。効率よく質の高い議論を進めるためには，議論の途中で定義をおこなっては遅いのです。

定義すべき言葉は，論題に直接関わる言葉だけではありません。主張を発表する時に抽象的なわかりにくい言葉を使う際にも，定義した方がわかりやすい場合がたくさんあります。議論をしている途中で，定義が必要な言葉や表現がないか確認しましょう。

●定義の方法

適切に定義するためには，言葉に関連して考えられる論点をできるだけたくさん洗い出す必要があります。なぜなら，最初のアイデアが偏っていれば，定義も偏るからです。定義の目的は，議論するものとしないものの境界線を明確にすることです。意図する範囲を決めるためには，内と外が何なのかを知っておく必要があります。準備の段階で，複数の人と議論に関わる内容についてアイデアをできるだけ多く出し，どのような方向性で議論を展開するかを考えることが重要です。このように数人のグループであるテーマについて自由にアイデアを出す会議方法を，ブレインストーミングといいます。ブレインストーミングでは，アイデアの質より量を重視します。

例えば「大学生は勉強をするべきだ」という論題があるとします。あなたなら，この論題についてどのような定義をしますか？

この論題で重要なのは，「勉強する」という言葉です。「大学生は勉強をするべきだ」について考える時に，「勉強する」が何なのかを把握しておかないと，議論がすれ違います。人によっては学問的な勉強を想像するかもしれませんが，人生勉強といった人間的な深まりを与えてくれるすべてのものと考える人もいます。議論が広がりすぎる場合は，「就職のため」など目的についても考える必要がでてくるでしょう。

```
╭─ポイント！─────────────────────────╮
● 定義はものごとの意味・内容を区別するためにおこなう
● 議論には定義が不可欠
● ブレインストーミングで様々なアイデアを出すと定義しやすい
╰──────────────────────────────╯
```

課　題
論題「大学生は勉強をするべきだ」について定義を考えて，主張を作成してみましょう。

2-8 テーマを分析する❶

Worksheet ☞ p.104

本節から2回に分けて、論題の分析方法について取り上げます。本節では、政策論題における比較の方法について学習します。

●比較すべき事柄は議論の種類によって決まる

ディベートの論題には、ものごとの事実関係を議論する「事実論題」、価値観を議論する「価値論題」、政策など新しい提案に関して議論する「政策論題」、の3つの種類があることを1-11で学習しました。比較すべき事柄は、この論題の種類によってある程度決まるところがあります。

●政策論題における比較：現状とプラン後

「〜は〜すべき」の形で表わされる政策論題には、大きく分けて「現状」と「プラン後」の2つの比較の枠組みがあります。プランとは、提案内容を指します。「〜すべき」と言う時、その提案は現状にはないことが前提となります。そのため、プランなしの現状と、プランありの将来を比較することが議論の中核になります。つまり、プランありとプランなしの2つの状況をシミュレーションし、比較することで、本当にその提案をとるべきかどうかを検討するのです。

●目　的

議論において、目的を考えることは最初の重要なステップです。なぜなら、目的によって議論の方向性がおのずと決定するからです。政策論題においては、現状をある提案によって変えることが含まれるため、そもそも何のために世界を変化させるのかについて考えることは、争点の発見につながります。

逆に、ある程度議論が深まった時に、「そもそも何の目的だったのか」と振り返ることは議論を冷静に見るのに役立つでしょう。議論が進んでいくと周辺的な内容や細かすぎる内容も含まれてきます。そんな時に、目的は議論に全体的な見通しを持たせてくれる指針となります。

●メリットとデメリット

政策論題では現状とプラン後の比較が大きな枠組みとなりますが、その中でメリット（利益）とデメリット（不利益）という基準が主要な切り口となります。

たとえば、「日本政府は消費税を10%にすべき」という論題を考えてみましょう。この場合、現状は「消費税5%の世界」で、プラン後は「消費税10%の世界」となります。どちらの世界の方がよいか決めるうえで、「消費税5%の世界」のメリットとデメリット、「消費税10%の世界」のメリットとデメリットを考えることで、2つを公平に判断するための材料を整理することができます。メリットとデメリットはさらに、「国民にとって」「国全体にとって」「国際社会にとって」など、対象ごとにいくつかの基準に分けることができます。

	現状 [消費税5%]	プラン後 [消費税10%]
メリット	○ ○ ○ ○	○ ○ ○ ○
デメリット	○ ○ ○ ○	○ ○ ○ ○

●個々の比較結果を総合する

政策論題にはまず「現状」と「プラン後」の2つの比較の枠組みがあり、その中でそれぞれのメリットとデメリットをいくつかの基準で比較します。最終的には、ある目的下ではどちらがよいかということを総合的に判断します。つまり、個々の比較の結果の積み重ねによって、全体の判断がなされるのです。

一つひとつの可能性を比較し検討することによって、思いつきでは考えられなかった点が思い浮かんだり、違う結果になることがあります。このように、細部の検証プロセスを経て結論に至ることが議論では重要です。

ポイント！
- 比較すべき事柄は議論の種類によって決まる
- 政策論題における比較には現状とプラン後の2つがある
- メリット・デメリットや目的を考えると議論の方向性が決まる
- 個々の比較検証を積み重ねて、結論をだす

課　題
政策論題「日本政府は原子力発電所を廃止すべき」について分析してみましょう。

2-9 テーマを分析する❷

Worksheet
☞ p.106

本節では，価値論題における比較の方法について学習します。

●価値論題における比較：状況

「〜は〜よりよい」の形で表わされる価値論題には，政策論題の「現状」と「プラン後」ほど大きな枠組みはありませんが，複数の基準についての検討が必要になります。なぜなら，論題が「AはBよりよい」の形をとる時，AとBは比較的特徴が近いものがあげられることが多く，そのため何が共通していて何が違うのかという比較が重要だからです。

●誰にとって？

メリット・デメリットは，「誰にとって」という議論と密接に関連しています。メリット・デメリットを考えにくい場合は，「よい点」と「悪い点」に置き替えるとわかりやすいでしょう。メリット・デメリットを考える際には，対象を想像することでより具体的に見えてきます。対象は必ずしも人とは限りません。つまり，価値論題においては，論題に含まれる対象を検討する必要がでてきます。

●目　的

価値論題においても，目的を考えることは重要なステップです。なぜなら，目的によって議論の方向性がおのずと決定するからです。価値論題においては，似たようなものを比較し，どちらか一方を選ぶことになります。その際，そもそも何のためにどちらかを選ぶかについて考えることは，争点の発見につながります。目的が漠然としていては，塾か家庭教師のどちらか一方を選ぶことは難しくなります。しかし目的がはっきりすることによって，より適切な選択肢を選ぶことができます。

たとえば「塾は家庭教師よりよい」という論題の場合，このままでは多くの人がどちらでもよいと思うかもしれません。それは状況によって異なるため，どちらがよいか一般化することは難しいからです。一方で，この論題に「大学受験のため」「希望する大学に受かるため」となればどうでしょうか。議論の幅が狭まって，塾と家庭教師のイメージが具体的になったはずです。

●メリットとデメリット

　政策論題と同様に価値論題においても，メリット（利益）とデメリット（不利益）という基準が主要な切り口となります。
　たとえば，「塾は家庭教師よりよい」という論題を考えてみましょう。どちらがよいか決めるうえで，「塾」のメリットとデメリット，「家庭教師」のメリットとデメリットを考えることで，公平に判断するための材料を整理することができます。

	A [家庭教師]	B [塾]
メリット	○ ○ ○ ○	○ ○ ○ ○
デメリット	○ ○ ○ ○	○ ○ ○ ○

●判断の基準となる価値観

　価値論題にはそれぞれのメリットとデメリットをいくつかの基準で比較し，最終的にはある目的下ではどちらがよいかということを総合的に判断します。その際，判断が「どのような価値に基づいて決定されたのか」を考える必要があります。
　つまり，大学受験に合格するためには「きちんとわからないことを理解することが大事」と考えるのか，「受験業界の動向をつかみ，専門的に対策することが大事」と考えるのかで，おのずと結論は変わります。このように，価値論題では個々の論点はもちろん重要ですが，各論点の基盤となる価値観や哲学を明らかにすることが大事です。そうしなければ，一貫性をもった説得力のある議論をおこなうことは難しくなります。

ポイント！
- ●価値論題では様々な比較が必要
- ●メリット・デメリットや目的を考えると議論の方向性が決まる
- ●価値判断の基準となる価値観を見極めることが重要

　課　題
　価値論題「塾は家庭教師よりよい」について分析してみましょう。

2-10 自分の意見と他者の意見をまとめる

Worksheet ☞ p.108

本節では，自分の意見と他者の意見をまとめて結論を出すための総括の方法を学習します。

●総括とは

あらゆる議論には「まとめ」があります。友だちとの普段の会話であればまとめがないこともあるかもしれませんが，フォーマルな場で行われる建設的な話し合いでは何らかの結論を出すことが求められます。議論では，まとめのことを「総括」と呼びます。

●議論における総括

議論において総括は，それぞれの立場の主張，その主張に対する反論の後，議論の最後におこなわれます。総括の段階では，双方の主張を出発点に反論を通して意見が拡散しているはずです。総括がなければ，「いろいろな意見は出たけれど，結論は何だったのか」といった状況に陥ってしまいます。

●総括の機能・方法・考え方

総括の機能： 総括では，議論をまとめるために自分の意見を振り返り，最も言いたかったことを明らかにします。自分の意見を主張できても，相手から反論されたら誰もが弱気になります。自信をもって「それは違う」と言われれば，「確かにそうかもしれない……」と思うことでしょう。しかし，そこであきらめてはいけません。その反論に対してきちんと応答することができれば，さらに自分の主張を発展させることができます。

反対の立場の人たちの力を借りて，反論を踏み台にして，さらなる高みに登る機会が総括です。相手から予想外なことを言われるかもしれませんが，予期せぬ反論は予期せぬ考えにつながります。つまり，総括はそれまでの議論をまとめるだけといった静的なプロセスではなく，他者との対話を通して新しい考えを生み出すダイナミックな創造的なプロセスだといえるでしょう。

総括の方法： 総括には決まった型というのはありませんが，表2-5のモデルが役立ちます。

はじめに段階❶では，反論のモデルを使って相手の反論に対して再反論しま

しょう。議論では，再反論しなければその反論を認めたことになりますので，受けた反論の数だけ再反論することが大事です。そのあと段階❷では議論を振り返って，賛成側の主張と反対側の主張がどのようなものだったか整理しましょう。そして，共通点と相違点を明らかにすることで2つの立場を比較します。その後，段階❸では，自分の主張が優れていた点を取り上げ，相手の立場よりも優れていることを主張しましょう。最後に段階❹で結論を言います。

表2-5　議論の総括の方法

段階❶	再反論する	相手は〜と反論したがそうではありません。なぜならば…
段階❷	整理・比較	賛成側の主張は〜だった。反対側の主張は〜だった。
段階❸	優位性を示す	〜の点では賛成側の主張の方が優っている。
段階❹	結論	したがって，論題〜について賛成です。

総括の考え方：　総括は，主張や反論と違って自由度が高いものです。中にはあるポイントだけ取り上げて，それについて時間いっぱい話すというような特殊な例もあります。状況によっては，その方が細かく分析するよりもずっと聴衆の心に響くことがあるのです。総括は難しいものですが，大事なことは主張，反論を通して聴衆に伝えたくなったことを伝えるということです。つまり「何を言うべきか」ではなく「何を言いたいか」が大切です。自分の感覚に従って，ここをアピールしたいという点について自信をもって話してください。そうすれば，聴衆に伝わる総括になるはずです。

　最後に，総括は出たとこ勝負でほとんどが即興で考えることになるかもしれませんが，主張をつくる段階で総括を見通すことは可能です。何を主張したいかを考える前に，賛否両方の主張を想定して，どのような総括になるかをシミュレーションしたうえでつくられた主張は強いものになります。

ポイント！
- 議論には総括が重要
- 総括を通して考えが明らかになる
- 総括は，再反論，比較，優位性，結論のモデルが役立つ
- 総括を見通して主張を作成する

課　題

論題「高校の制服を廃止すべき」について，賛成側と反対側の主張・反論・総括を書いてみましょう。

2-11 ディベートの実践❶

Worksheet ☞ p.110

これまでの集大成として、議論の実践について学習します。本節ではディベートの形式を取り上げ、ルールとスピーカーの役割について説明します。ディベートの特徴については、1-13を参照して下さい。

●試合の形式

表 2-6　タイムテーブル

順番	賛成側	反対側	時間
❶	立論		3分
❷		立論	3分
❸	質疑応答・作戦タイム		3分
❹	反駁		3分
❺		反駁	3分
❻	作戦タイム		3分
❼		総括	3分
❽	総括		3分

ディベートの形式には様々なものがありますが、ここでは初心者でもわかりやすい形式を紹介します。賛成側、反対側は、それぞれ交互に「立論」→「反駁」→「総括」という順番で発表をおこないます。立論では、自分のサイドの主張を発表します。反駁では相手の主張に反論し、必要であれば自分の主張を補強します。総括では、相手の主張と自分の主張を比較し、自分のチームの優位性を示します。スピーカーの順番とタイムテーブルの一例を表2-6に示しました。

●スピーカーの役割

3つのスピーチ（立論、反駁、総括）におけるスピーカーの主な役割を説明します。立論では、自分のグループの主張を述べます。その時、総括や相手の立場まで見通して、自分たちが何をこの議論で主張したいのかについて広い視野をもつことが重要です。論題の定義や目的は主張の最初の段階で述べ、議論にずれが出ないようにします。

反駁では、相手の主張に対して「そうではない可能性」を指摘します。相手の主張であげられた論点すべてに反論しましょう。ディベートでは、ある主張に対して異を唱えなければ、その主張を認めたものと判断されてしまいます。ここで大事なことは、ただ相手に対して反論するだけでなく、反論の結果、自分たちの主張の方が優れていることを証明することを忘れないことです。

総括では、はじめに相手からの反論に対して再反論します。反論された論点にはすべて再反論しましょう。総括でも受けた反論に対して異を唱えなければ、その反論を認めたものと判断されてしまいます。その後は、議論全体をまとめ、自分たちの優位性を示しましょう。総括では、自分たちの主張が反論を経てどのように変化したのか、また相手側の議論はどのように変化したのか、

細かい論点にとらわれずに議論が発展したプロセスを全体的に把握することが重要です。

●試合の始め方・進め方

試合前の準備時間は形式によって大きく異なります。ある形式では1年間同じ論題を使い続ける，つまり準備時間がたくさんある形式もあれば，試合開始前20分にならないと論題がわからないような形式もあります。

いずれの場合も，まず論題についてリサーチをしてデータを収集する必要があります（❶リサーチ☞［1-12］）。そして論題分析をおこない（❷論題分析☞［1-11］），スピーチの準備をしましょう（❸主張・反論・総括の準備☞［1-6, 2-4, 2-10］）。これには内容だけでなく，発表方法の準備も含まれます（❹わかりやすく伝える☞［1-5］）。試合中はしっかり相手の話を聞いてメモをとり，ジャッジの場合は議論の評価をおこないましょう（❺メモをとる・ジャッジ☞［2-12, 2-13］）（［　］内の数字は本書の節の番号を示す）。

●説得力のある議論をするために

説得力のある議論を展開するためには，メンバー間の一貫性が大事です。1つひとつはいい議論でも，それぞれが一貫していなければ聞いている人は説得されません。準備の段階で，メンバーとしっかり意思疎通をはかり共通認識を確認しましょう。ディベート中も，お互いに思ったことや感じたことを話したりメモでわたすなどして，積極的に情報交換しましょう。実際に壇上に上がって，話してみてはじめてわかることがあります。自分の発表が終わったら役目は終わりではなく，一歩離れた視点から議論を眺め，次の人の発表の手伝いをすることも大事な役割の1つです。

> **ポイント！**
> - ディベートには様々な形式がある
> - 主張・反論・総括を通して議論の内容を深める
> - 説得力のある議論をおこなうためにはチーム内の一貫性が重要

課　題

論題「大学生は制服を着るべき」について，チームをつくってディベートの試合をしましょう。

2-12 ディベートの実践❷

Worksheet ☞ p.112

本節では，試合の準備方法とメモの取り方について学習します。

●試合の役割分担

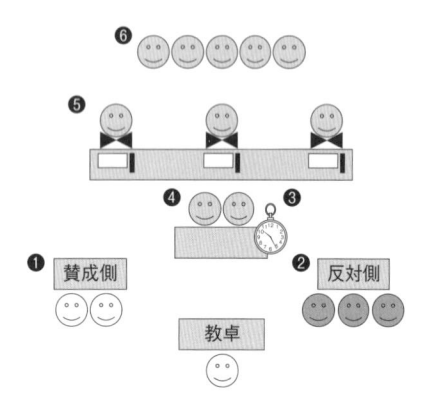

図 2-4　教室のレイアウト

ディベートの試合でよく使われるレイアウトを紹介します。図2-4のとおり，試合には，以下の6つの役割があります：❶ディベーター（賛成チーム），❷ディベーター（反対チーム），❸タイムキーパー，❹司会，❺ジャッジ，❻聴衆。

ディベーターは教卓の左右に聴衆向きに座ります。タイムキーパー，司会者，ジャッジ，聴衆は教卓に向いて座ります。ディベーターは自分の順番がきて司会者から名前を呼ばれたら，教卓に移動してスピーチをはじめます。

●試合の準備

よい議論をして試合に勝つためには，準備の時間が重要です。準備で勝敗が決まると言えるかもしれません。論題とチームが決まったら，誰がどのスピーチを担当するか役割を決めましょう。その後，論題分析をしてチームの議論の方向性を決めます。この時，論題に曖昧な表現がないかを確認して，必要があれば定義をおこないます。そして，その論題や賛成反対の論点についてできるだけたくさんアイデアを出して，ブレインストーミングをします。この時，チームみんなで考えるよりは，制限時間を決めてはじめに個人で考えて，その後それぞれのアイデアをチームで共有すると多くの論点を出すことができます。

この作業は時間との戦いになります。制限時間を決めて，潔く時間内に決めることが求められます。チーム全体の戦略を決めた後，各スピーカーが個人で話す内容，構成，話し方を考える時間を十分に残しておきましょう。

●相手チームではなくジャッジと聴衆を説得する

ディベートでは，相手チームを説得して自分の立場に変えさせることはしません。ディベートの目的は，賛成・反対の両チームの話を第三者の視点から聞いているジャッジと聴衆を説得することです。ですので，試合中に相手チーム

が言ったことにふれる場合,「あなたはこう言いました」ではなく,「彼らはこう言いました」となります。試合では,公平な立場から聞いている人に対して自分たちの主張の優位性を示します。

賛成,反対側は敵同士ではありません。むしろ,自分の主張をわかりやすくしてくれる仲間と考えましょう。スポーツと同様にマナーを守り,言葉遣いや態度には細心の注意を払って,感情的になりすぎないことが大事です。

●フローシートの書き方

複数の人たちが集まって話し合う場合,きちんとメモを取らなければ議論を正しく理解することは難しくなります。各スピーカーの役割やルールが決まっているディベートでは,特にメモの取り方が重要になってきます。なぜなら,メモをとれない論点に対しては反論できないため不利益が生じるからです。

ディベートではメモの紙のことを「フローシート」と呼びます(☞60頁,112頁)。フローとは「流れ」のことで,フローシートは議論の流れを記録するための紙です。フローシートは,スピーカーごとに議論の内容に分けて書きます。用紙はA3サイズがいいでしょう。紙の向きを横にし,縦6等分(スピーカーの数分),横2等分(賛成側と反対側の内容の数分)に分割します。スピーカー1人につき,縦長のスペースを使ってメモをとります。

賛成側に関する内容は上半分,反対側に関する内容は下半分に書きましょう。たとえば,賛成側立論の場合は,主張は賛成側の内容で,反対側の内容は含まれないため,上半分のスペースのみを使うことになります。前のスピーカーの話が言及された場合は,その個所を○で囲んで矢印で引っ張ると,何度も書かないですみますし,議論の移り変わりが見やすくなります。

ポイント!
- ●準備の仕方で勝敗が決まる
- ●ディベートでは相手チームではなくジャッジと聴衆を説得する
- ●ディベートのメモのことをフローシートと呼ぶ

課 題
論題「動物園を廃止すべき」について,ディベートの試合をしましょう。ディベーターとジャッジに分かれ,ジャッジは試合の評価をしてみましょう。

2-13 ディベートの実践❸

Worksheet ☞ p.114

本節では，試合での心がまえと評価方法について学習します。

●ディベーター（発表者）

　発表する人は壇上に上がると誰しも緊張しますが，自分の主張に自信をもてば強い気持ちになれます。近くには仲間も見守っています。話す時は，聴衆に語りかけることを忘れないようにしましょう。緊張すると早口になりがちですが，自分でも「遅いかな」と思う早さが適切です。なぜなら，聞いている人は話を理解しながらメモをとっています。この２つを同時におこなうのはなかなか難しいものです。聞き手がメモをとりやすいように，キーワードは繰り返したり，間をおいてあげることも重要です。

　話をわかりやすくするには，構成をしっかり組み立てましょう。内容はもちろん大切ですが，構成の仕方によって180度印象が変わります。どのような話でも，序論・本論・結論の流れを意識しましょう。「何を話そうとしているのか」「どのような話なのか」「何を話したのか」の枠組みを使うだけで，聞いている人は話を理解しやすくなります。本論で２つ以上理由を話す時は，「理由は２つあります。１つ目は〜。２つ目は〜」と，概要を述べてから詳細に入るとよいでしょう。

●ディベーター（発表者以外）

　自分の出番を待っている時は，準備をしながら同時におこなわれている議論についていくことが大事です。一瞬一瞬，議論は流れていきます。その流れにのって文脈に適切な主張をおこなうようにしましょう。話を聞かず１人で準備しすぎると，文脈をつかみきれず状況にそぐわない話になってしまうことがあります。説得力には，議論の流れを読み，その流れに最も必要なことを見極める能力も含まれます。

　自分の出番の前はもちろん出番が終わった後も，議論の流れを読み続けましょう。そして，考えたことを仲間と共有するのです。そうすることによって，自分たちがチームとして伝えるべきことが見えてくるはずです。時間に余裕がない場合は，直接話すのではなく付箋紙などに書いて考えをチームで共有する方法もあります。

●ジャッジ

　ジャッジは，スピーカーごとに個人の点数をつけて，チーム全体の合計点を出

します。点数は、伝え方と内容の評価基準を使います。ジャッジは自分の意見を入れずに、純粋に賛成側と反対側の議論に基づいて判断するように心がけましょう。基本的には、賛成側と反対側の総括を比較して評価します。試合は、合計点が高い方が勝ちとしますが、点数だけでなくなぜそのチームの議論が優れていたかについて判定理由を書きます。これは、「AチームよりBチームの方が優れていた」という自分の主張を書くのと同じです。判定理由は主張と同じように、第三者にも理解できるように理由と例をあげてわかりやすく説明しましょう。

試合中にジャッジ同士で相談してはいけません。理解できなかった点があれば、それはディベーターの責任です。試合が終わったら、ジャッジからディベーター全員に対して総評をおこないましょう。総評では必ずしも勝敗を伝える必要はありません。その際、ディベーターに敬意を表し、「❶ねぎらう ☞ ❷よかった点 ☞ ❸改善点」の順番で話すとよいでしょう。ジャッジをして、他の人のディベートを見ることで、自分の改善点が見えてきます。「自分だったらどうしたか」ということについて考えながら、ジャッジをするようにしましょう。

●勝敗は何で決まるのか

勝敗というのは、試合の最後までわからないものです。ディベートの場合は、試合中にジャッジや聴衆の反応を見る機会があります。反応の示し方は人によっていろいろですが、聞き手が納得しているかどうかについては、相手の反応を注意深く見ればいろいろなサインが見えてきます。

試合中は孤独に感じるかもしれませんが、相手の表情や態度から手掛かりを見つけ、そこから自分たちの議論を強くするきっかけをつかみましょう。議論もスポーツと同様に流れをつくり、いい流れにのることが大事です。ディベートでは、スピーカーが出てくるごとに議論の印象が変わりますので、何度でも挽回可能です。途中であきらめて放り出さず、最後まで議論の流れを読み、勝てるポイントが何なのかを察知する能力を身につけましょう。

```
┌─ポイント！═══════════════════════
│ ●話す時は、聴衆に語りかけることを忘れない
│ ●試合中は議論の流れを読み続け、仲間と共有する
│ ●聞き手の反応を注意深く観察し、流れを変えるきっかけをつかむ
│ ●評価は自分の意見を入れずに判断する
└─────────────────────────────
```

課　題

論題を決め、ディベートの試合をしましょう。ディベーターとジャッジに分かれ、ジャッジは試合の評価をしてみましょう（フローシートは2-12を使ってください）。

論題：「日本政府は原子力発電所を廃止すべき」フローシート見本

賛成側の論点	1 賛成側立論 担当者 田中君	QA	2 反対側立論 担当者 佐藤君	QA	3 賛成側反駁 担当者 渡辺さん	4 反対側反駁 担当者 木村さん	5 反対側総括 担当者 佐藤君	6 賛成側総括 担当者 田中君
反対側の論点	❶廃棄物処理問題 廃棄物を捨てる場所が減っている。 ❷放射能の危険性 事故が起こった場合、住民は被害をうける。	Q 事故の確率は低いのではないか？ A 低くても起こった時に大惨事になる。		Q 風力発電などの方が環境に優しい。 A 環境にいいが効率が悪い。 Q CO_2 は減るけども、埋める場所が減り、海や山など自然に捨てることになるから、環境に優しくない。	❶環境に優しい CO_2 の排出量が他の発電より少ない。地球温暖化の中で、CO_2 を削減できる。 ❷燃料効率 少ない資源で多くの電力がつくれる。他の発電方法に頼ると効率が悪く、使用可能な電気量が減る。	深い地下や海底に埋めることができるし、他にも再利用できるものがある。 発電所内は安全で、地震などの災害対策もしっかりしている。	埋める場所が減ると言われたが、1回で廃棄物になる訳ではなく、何年も使えるので、埋める場所がすぐになくなることはない。 今は事故が起こらないような安全対策になっており、管理がしっかりされている。	再利用できるかもしれないが、さらに多くのエネルギーが必要になる。 事故が起こる確率が1％でもあれば原子力発電を廃止すべき。 少ない資源で発電できるが、事故が起これば、チェルノブイリのような悲劇が起こる。

Worksheet 課題集 ❶

☞ p.6

Worksheet 1-1　大学生の学びとコミュニケーション

問1　それぞれの項目について，社会人として十分に働けると思われる状態を100点とすると，現在のあなたは何点でしょうか。それぞれの現状を分析し今後の対策を書いてください。

項目	点数	現状分析	今後の対策
計画力			
自己の確立			
情報収集力・問題解決力			
主体性			
反省力			
自己研鑽			
思いやり			
チームワーク			

問2　問1の分析であなたが考えたこと，感じたことをできるだけ詳しく書いてください。

問3 以下の3ステップを考えて自己紹介を書いてください。

❶自分の現在	
❷自分の将来	
❸相手との関わり	

問4 グループで自己紹介をしてください。他の人の自己紹介のよかった点と改善点を書いてください。

問5 自分の自己紹介のよかった点と改善点を書いてください。

問6 今日の授業であなたが考えたこと，感じたことをできるだけ詳しく書いてください。

☞ p.8 **Worksheet 1-2　コミュニケーションとは何か**

問1　コミュニケーションは，❶相互作用過程，❷意味伝達過程，❸影響過程の3つの基本概念に集約されます。それぞれの具体例を考えてみましょう。

❶相互作用過程としてのコミュニケーション

❷意味伝達過程としてのコミュニケーション

❸影響過程としてのコミュニケーション

問2 ①から⑩のシステムレベルのうち2つ選び、具体例をあげてみましょう。その際、5つの要素に分析してみましょう。❶送り手（sender）,❷メッセージ（message）,❸チャンネル（channel）,❹受け手（receiver）,❺効果（effect）。

システムレベル		同一システム内コミュニケーション	同一システム間コミュニケーション
社会	文化	①文化内コミュニケーション	⑥異文化間コミュニケーション
	国家	②国家内コミュニケーション	⑦国家間コミュニケーション
	組織	③組織内コミュニケーション	⑧組織間コミュニケーション
	集団	④集団内コミュニケーション	⑨集団間コミュニケーション
個人		⑤個人内コミュニケーション	⑩対人コミュニケーション

❶ (＿＿＿) [　　　　　　　　　] コミュニケーション

❷ (＿＿＿) [　　　　　　　　　] コミュニケーション

❸ (＿＿＿) [　　　　　　　　　] コミュニケーション

☞ p.10

Worksheet 1-3　自己理解を深める❶

問1　ここではあなたの今の状態について5つの質問をします（溝上, 2001）。

❶あなたは将来「これをしたい」というものをもっていますか？

> 3. もっている　2. なんとも言えない　1. もっていない

❷あなたは今生きている人生に満足していますか？

> 5. とてもそう思う　4. まあまあそう思う　3. なんとも言えない
> 2. あまりそう思わない　1. まったくそう思わない

❸今の生活は充実していますか？

> 5. とてもそう思う　4. まあまあそう思う　3. なんとも言えない
> 2. あまりそう思わない　1. まったくそう思わない

❹最近，気が沈んで憂うつということがありますか？

> 5. とてもそう思う　4. まあまあそう思う　3. なんとも言えない
> 2. あまりそう思わない　1. まったくそう思わない

❺あなたはいま幸せですか？

> 5. とてもそう思う　4. まあまあそう思う　3. なんとも言えない
> 2. あまりそう思わない　1. まったくそう思わない

問2　問1の結果をグループで発表してみましょう。メンバーと比較して自分の状態についてあなたが考えたことや感じたことを書いてください。

問3 死刑制度と喫煙の2つのテーマについて，あなたの考えを誰かに伝える状況を想定して書いてください。

❶あなたは死刑制度に賛成ですか？　あなたの意見を書いてください。

❷あなたは喫煙に賛成ですか？　あなたの意見を書いてください。

問4 問3の結果をグループで発表してみましょう。メンバーの発表を聞いてあなたが考えたことや感じたことを書いてください。

Worksheet 1-4　自己理解を深める❷

☞ p.12

問1 あなたの過去・現在・未来を考えることで，自己分析をしてみましょう。キーワード（自己概念・価値・経験）を考えながら，箇条書きでできるだけたくさん挙げてみましょう。

❶過去の自己　「昔わたしは○○だった」

[　　　　　　　　　　　　　　　　　　　　　　　　　　　　　　　　　]

❷現在の自己　「現在わたしは○○だ」

[　　　　　　　　　　　　　　　　　　　　　　　　　　　　　　　　　]

❸未来の自己　「将来わたしは○○だろう」「将来わたしは○○になりたい」

[　　　　　　　　　　　　　　　　　　　　　　　　　　　　　　　　　]

問2 他の人の分析とあなたの分析と比較して，どのような共通点や相違点がありましたか？

過去について	現在について	未来について

問3 他の人の分析を聞いて，あなたの自己に対する見方が変わった点はありましたか？

☐ はい　☐ いいえ

問4 他の人の分析を聞いた感想や，見方が変わった点について，以下の欄に詳しく書いてください。

第1部 テキスト

第2部 課題

☞ p.14

Worksheet 1-5　自分の考えを整理し，伝える❶

問1　論題「高校の制服を廃止するべきだ」について，あなたの考えを以下の型にあてはめて書いてみましょう。

主張	わたしはこの論題に対して　[❶賛成　　❷中立　　❸反対]です。
理由	なぜなら
例	たとえば
結論	したがって，わたしはこの論題に対して［❶賛成　　❷中立　　❸反対］です。

問2　グループをつくり問1の内容を発表しましょう。他のメンバーの意見を評価してみましょう。

氏名	立場	意見の要約	よかった点	改善点	評価
	❶賛成 ❷中立 ❸反対				/25点
	❶賛成 ❷中立 ❸反対				/25点
	❶賛成 ❷中立 ❸反対				/25点

◉メモ欄

伝え方の評価項目	【1 改善が必要－3 ふつう－5 とてもよい】
①声の大きさ	1－2－3－4－5
②スピード	1－2－3－4－5
③声のトーン	1－2－3－4－5
④間のとり方	1－2－3－4－5
⑤アイコンタクト	1－2－3－4－5

問3 評価を相手に伝えましょう。他のメンバーからのあなたの主張に対する評価を書いてください。

よかった点	改善点

問4 問3を踏まえて,「伝え方」の目標を立てましょう。

問5 グループメンバーの意見を分析してみましょう。

❶どの意見に最も説得されましたか？

❷なぜその意見には説得力があったと思いますか？　内容と伝え方を分析してみましょう。
・内容

・伝え方

問6 他の人の意見を聞いて,意見が変わった点はありましたか？　☐ はい　☐ いいえ

問7 問4で「はい」と答えた人は,「何がどのように変化したのか」書いてみましょう。「いいえ」と答えた人は,「なぜ変化しなかったのか」理由を書いてください。

☞ p.16

Worksheet 1-6　自分の考えを整理し，伝える❷

問1　論題「日本政府は原子力発電所を廃止するべきだ」について，あなたの意見を以下の型にあてはめて書いてみましょう。

主張	わたしはこの論題に対して　[❶賛成　　❷中立　　❸反対] です。
理由	なぜなら
例	たとえば
結論	したがって，わたしはこの論題に対して [❶賛成　　❷中立　　❸反対] です。

問2　グループをつくり発表しましょう。他のメンバーの意見を評価してみましょう。

氏名	立場	意見の要約	よかった点	改善点	評価
	❶賛成 ❷中立 ❸反対				/25 点
	❶賛成 ❷中立 ❸反対				/25 点
	❶賛成 ❷中立 ❸反対				/25 点

◉ メモ欄

内容の評価項目	【1 改善が必要ー3 ふつうー5 とてもよい】
①主張がはっきりしていた	1－2－3－4－5
②理由の説明がわかりやすかった	1－2－3－4－5
③例やデータが適切に使われていた	1－2－3－4－5
④構成がまとまっていた	1－2－3－4－5
⑤興味深かった	1－2－3－4－5

問3 評価を相手に伝えましょう。他のメンバーからのあなたの主張に対する評価を書いてください。

よかった点	改善点

問4 問3を踏まえて,「内容」に関する目標を立てましょう。

問5 グループメンバーの意見を分析してみましょう。

❶どの意見に最も説得されましたか?

❷なぜその意見には説得力があったと思いますか? 内容と伝え方を分析してみましょう。
〔内容〕

〔伝え方〕

問6 他の人の意見を聞いて,意見が変わった点はありましたか? ☐ はい ☐ いいえ

問7 問4で「はい」と答えた人は,「何がどのように変化したのか」書いてみましょう。「いいえ」と答えた人は,「なぜ変化しなかったのか」理由を書いてください。

☞ p.18

Worksheet 1-7　様々なコミュニケーション❶:社会スキル

問1 以下は社会スキルの主なものです。あなたの行動傾向はどのようなものでしょうか。それぞれの項目について，得意○，ふつう△，不得意×の3段階で評価してみましょう。

分類	項目	評価	項目	評価
Ⓐ 初歩的なスキル	聞く		お礼をいう	
	会話を始める		自己紹介する	
	会話を続ける		他人を紹介する	
	質問する		敬意を表す	
Ⓑ 高度のスキル	助けを求める		指示に従う	
	参加する		謝る	
	指示を与える		納得させる	
Ⓒ 感情処理のスキル	自分の感情を知る		愛情表現	
	感情を表現する		恐れを処理する	
	他人の感情を理解する		自分を誉める	
	他人の怒りを処理する			
Ⓓ 攻撃に代わるスキル	許可を求める		権利を主張する	
	分け合う		いじめを処理する	
	他人を助ける		他人とのトラブルを処理する	
	和解する		ファイトを保つ	
	自己統制			
Ⓔ ストレスを処理するスキル	不平を言う		説得に対応する	
	苦情に応える		失敗を処理する	
	ゲームの後のスポーツマンシップ		矛盾したメッセージを処理する	
	当惑を処理する		非難を処理する	
	無視されたことの処理		むずかしい会話に応じる	
	友人のために主張する		集団圧力に対応する	
Ⓕ 計画のスキル	何をするか決める		情報を集める	
	問題がどこにあるか決める		問題を重要な順に並べる	
	目標設定		決定を下す	
	自分の能力を知る		仕事に集中する	

問2 問1で評価した項目を整理しましょう。あなたの得意・不得意なスキルはどれですか？ ⒶからⒻの分類のうち，それぞれ○△×が多いか考えてみましょう。

❶○が多かったスキル

❷△が多かったスキル

❸×が多かったスキル

問3 あなたの得意なスキルはどれですか？ さらに得意にするためにはどうしたらよいでしょうか。

問4 あなたの不得意なスキルはどれですか？ 得意にするためにはどうしたらよいでしょうか。

問5 自己評価の結果を基に自分の今後の課題を書いてください。

☞ p.20

Worksheet 1-8　様々なコミュニケーション❷：アサーション

問1　以下の質問は，アサーションの程度を測定するものです（平木, 1993）。行動は，❶「自分から働きかける言動」と，❷「人に対応する言動」の2つにわけることができます。それぞれの項目について，「はい」「いいえ」の当てはまる方に○をつけてください。

❶自分から働きかける言動

1-1	誰かにいい感じをもった時，その気持ちを表現できる	1-1	はい ー いいえ
1-2	自分の長所やなしとげたことを人に言える	1-2	はい ー いいえ
1-3	自分が神経質になったり，緊張している時それを受け入れられる	1-3	はい ー いいえ
1-4	見知らぬ人たちの会話に気楽に入っていける	1-4	はい ー いいえ
1-5	会話の場から立ち去ったり，別れを言ったりできる	1-5	はい ー いいえ
1-6	自分が知らないこと，分からないことに説明を求めることができる	1-6	はい ー いいえ
1-7	人に援助を求めることができる	1-7	はい ー いいえ
1-8	人と異なった意見や感じをもっている時，それを表現できる	1-8	はい ー いいえ
1-9	自分が間違っている時それを認めることができる	1-9	はい ー いいえ
1-10	適切な批判を述べることができる	1-10	はい ー いいえ

❷人に対応する言動

2-1	人をほめるとき，素直にほめることができますか。	2-1	はい ー いいえ
2-2	あなたの行為を批判された時，受け応えができますか。	2-2	はい ー いいえ
2-3	不当な要求を拒むことができますか。	2-3	はい ー いいえ
2-4	長電話や長話の時，自分から切る提案をすることができますか。	2-4	はい ー いいえ
2-5	あなたの話を中断して話し出した人に，そのことを言えますか。	2-5	はい ー いいえ
2-6	パーティーや催し物への招待を受けたり断ったりすることができますか。	2-6	はい ー いいえ
2-7	押し売りを断れますか。	2-7	はい ー いいえ
2-8	注文したとおりでなかったとき，そのことを言って交渉することができますか。	2-8	はい ー いいえ
2-9	人の好意が煩わしいとき，断ることができますか。	2-9	はい ー いいえ
2-10	援助や助言を求められた時，必要であれば断ることができますか。	2-10	はい ー いいえ

問2　問1で「いいえ」と答えた項目は，あなたが自己表現ができていない，あるいは自己表現が苦手な項目です。一方，「はい」と答えた項目の中でも，相手に否定的な感情をもつものや，攻撃的に表現したりするものは，攻撃的な自己表現です。それ以外の項目がアサーティブな項目になります。項目を3つに分けてみましょう。

❶「いいえ」と答えた質問項目

❷「はい」と答えたが，アサーティブなやり方ではないと考えられる質問項目

❸「はい」と答えて，アサーティブなやり方と考えられる質問項目

問3 以下の2つの事例について，自分の普段の行動と，アサーティブな行動の2つを考えてみましょう。

◉ケース❶　高校の時の友だちと久しぶりに会って話すことになりました。貴重な時間にもかかわらず，相手は学校やアルバイトの文句ばかり話します。あなたの話など聞きだそうともしません。友人は，気がつくともう1時間も同じ話ばかり繰り返しています。その時，あなたはどうしますか。

- あなたの普段の行動

- アサーティブな行動

◉ケース❷　あなたはあるドラマを毎週楽しみに欠かさず見ています。そして楽しみにしていた最終回が始まり，ドラマはいよいよクライマックスを迎えました。その時，友人から電話がかかりました。友人は彼と喧嘩をして別れるつもりだと涙声で彼の悪口を喋りだしました。その時，あなたはどうしますか。

- あなたの普段の行動

- アサーティブな行動

問4 問1・2の自己評価の結果と問3の事例研究を基に，自分の今後の課題を書いてください。

☞ p.22

Worksheet 1-9　コミュニケーションと異文化理解❶

問1　あなたの文化での常識にはどのようなものがありますか。その常識の根拠を考えてみましょう。また，その逆が成り立つように根拠を考えてみましょう。ケース❸では❶❷を参考に自分で例題を考えてみましょう。

◉ケース❶

・目上の人には必ず敬語を使うべき
【なぜなら】

・目上の人には必ず敬語を使うべきではない
【なぜなら】

◉ケース❷

・自分のことよりも他の人のことを大切にすべき
【なぜなら】

・自分のことよりも他の人のことを大切にすべきではない
【なぜなら】

◉ケース❸

[   ]
【【なぜなら】

[   ]
【なぜなら】

問2 論題「小学生の携帯電話の所持を禁止すべきだ」に対して、賛成と反対の2つの立場で意見を考えてみましょう。

主張	小学生の携帯電話の所持を禁止すべき。
理由	なぜなら
例	たとえば
結論	したがって、小学生の携帯電話の所持を禁止すべき。

主張	小学生の携帯電話の所持を禁止すべきでない。
理由	なぜなら
例	たとえば
結論	したがって、小学生の携帯電話の所持を禁止すべきでない。

問3 問2で書いた意見を比較しましょう。あなたはどちらを支持しますか？　それはなぜですか？

	❶賛成意見を支持	❷反対意見を支持
理由		

問4 グループをつくって、問2で書いた賛成と反対の意見を発表しましょう。自分とは異なる意見があれば以下にメモをしましょう。

賛成意見	反対意見

☞ p.24

Worksheet 1-10　コミュニケーションと異文化理解❷

問1　論題「大学生は勉強すべきだ」について，❶大学生個人と，❷日本社会の2つの視点から，それぞれのよい点と悪い点をできるだけ多くの論点をあげてみましょう。

❶大学生個人の視点

・よい点

・悪い点

❷日本社会の視点

・よい点

・悪い点

問2 論題「大学生は勉強すべきだ」に対して，賛成と反対の2つの立場で意見を考えてみましょう。

主張	大学生は勉強すべき
理由	なぜなら
例	たとえば
結論	したがって，大学生は勉強すべき

主張	大学生は勉強すべきでない
理由	なぜなら
例	たとえば
結論	したがって，大学生は勉強すべきでない。

問3 問2で書いた意見を比較しましょう。あなたはどちらを支持しますか？　それはなぜですか？

	❶賛成意見を支持	❷反対意見を支持
理由		

問4 グループをつくって問2で書いた賛成と反対の意見を発表しましょう。自分とは異なる意見があれば以下にメモをしましょう。

賛成意見	反対意見

☞ p.26 **Worksheet 1-11　議論の考え方❶**

問1　3種類の論題をそれぞれ5つつくってみましょう。

◉ 政策論題
-
-
-
-
-

◉ 価値論題
-
-
-
-
-

◉ 事実論題
-
-
-
-
-

問2　グループをつくり，問1の論題を順番に発表して共有しましょう。自分では考えつかなかった論題があれば以下に書いてください。

◉ 政策論題

◉ 価値論題

◉ 事実論題

問3 問1・2から3種類の論題を1つずつ選び、それぞれの論題について あなたの主張をつくってみましょう。第三者を説得するつもりで賛成 と反対の立場の主張を書いてください。その際、「主張・理由・例・ 結論」の型に当てはめて書きましょう。

◉ 政策論題
「　　　　　　　　　　　　　　　　　　　　　　　　　　　　　」

◉ 価値論題
「　　　　　　　　　　　　　　　　　　　　　　　　　　　　　」

◉ 事実論題
「　　　　　　　　　　　　　　　　　　　　　　　　　　　　　」

問4 問3でそれぞれの主張をつくってみて考えたことを書いてください。 論題の種類を分析せずに主張をつくるときと違いはありましたか。

☞ p.28 **Worksheet 1-12　議論の考え方❷**

問1 論題「死刑制度を廃止すべき」について，賛否両方の論点をできるだけ多く出して，箇条書きにしてください。情報源には，著者の氏名や書籍・雑誌名を書いてください。日付は，その情報が出された年月日を書いてください。

❶ 賛成側の論点

	主張	情報源	日付
1			
2			
3			
4			
5			
6			

❷ 反対側の論点

	主張	情報源	日付
1			
2			
3			
4			
5			
6			

問2 賛否両方の論点に対する反論を考えましょう。

❶賛成側の論点に対する反論

1
2
3
4
5
6

❷反対側の論点に対する反論

1
2
3
4
5
6

問3 リサーチした内容を踏まえて，死刑制度についてのあなたの主張を主張の型に沿って書いてください。

第1部 テキスト

第2部 課題

☞ p.30 **Worksheet 1-13　議論の考え方❸**

問1 論題「キャンパス内の喫煙を禁止すべき」に対しての今の立場　　❶賛成　　❷反対

問2 賛否両方の論点をできるだけ多く出して，箇条書きにしてください。

◉賛成側の論点
-
-
-
-
-

◉反対側の論点
-
-
-
-
-

問3 第三者を説得するつもりで賛成と反対の立場の主張を書いてください。その際，「主張・理由・例・結論」の型に当てはめて書きましょう。

◉賛成意見

◉反対意見

問4 グループをつくりましょう。問2の意見を順番に発表して，グループで共有しなさい。自分では考えつかなかった論点があれば下記に書いてください。

◉ メンバーの賛成側の主張

◉ メンバーの反対側の主張

問5 グループの意見の中で最も説得された意見を選びましょう。

◉ 説得された意見

◉ 説得された理由

問6 主張の発表を終えてみて，今あなたが支持する立場に○をつけ，その理由を書いてください。

❶賛成	・理由
❷反対	

問7 問6で回答した立場は，問1で回答した立場と異なりますか。　❶同じ　❷違う

問8 問7で「同じ」場合は，他の意見を聞いてもなぜ変わらなかったのかについて理由を考えましょう。「違う」場合は最初の意見と変わった理由について考えましょう。

Worksheet 課題集 ❷

☞ p.34

Worksheet 2-1　キャリア形成

問1　自分のキャリア・アンカーについて5段階で自己診断してみましょう。
1「重視しない」−5「重視する」

アンカー	重視点	評価
❶専門・職能別コンピタンス	自分しかできないこと，エキスパートであること	1 — 2 — 3 — 4 — 5
❷全般管理コンピタンス	組織の経営管理，権威	1 — 2 — 3 — 4 — 5
❸自律・独立	束縛されず，自分のペースで働くこと	1 — 2 — 3 — 4 — 5
❹保障・安定	安全で確実なこと，予測可能なこと	1 — 2 — 3 — 4 — 5
❺起業家的創造性	新しい商品をつくって，事業をおこすこと	1 — 2 — 3 — 4 — 5
❻社会貢献	自分の価値観をもって世の中をよくすること	1 — 2 — 3 — 4 — 5
❼純粋な挑戦	不可能を可能にすること，挑戦そのもの	1 — 2 — 3 — 4 — 5
❽生活様式	私的な生活と職業生活のバランス	1 — 2 — 3 — 4 — 5

問2　問1で点数が高かった上位3項目を書いてください。

順位	アンカー
1	
2	
3	

問3　問1・2の結果より，考えたことを書いてください。

問4 ペアをつくって，パートナーが重視しているように見えるアンカーを5段階で診断してみましょう。1「重視しない」–5「重視する」

アンカー	重視点	評価
❶専門・職能別コンピタンス	自分しかできないこと，エキスパートであること	1 — 2 — 3 — 4 — 5
❷全般管理コンピタンス	組織の経営管理，権威	1 — 2 — 3 — 4 — 5
❸自律・独立	束縛されず，自分のペースで働くこと	1 — 2 — 3 — 4 — 5
❹保障・安定	安全で確実なこと，予測可能なこと	1 — 2 — 3 — 4 — 5
❺起業家的創造性	新しい商品をつくって，事業をおこすこと	1 — 2 — 3 — 4 — 5
❻社会貢献	自分の価値観をもって世の中をよくすること	1 — 2 — 3 — 4 — 5
❼純粋な挑戦	不可能を可能にすること，挑戦そのもの	1 — 2 — 3 — 4 — 5
❽生活様式	私的な生活と職業生活のバランス	1 — 2 — 3 — 4 — 5

問5 問4で点数が高かった上位3項目を書いてください。

順位	アンカー
1	
2	
3	

問6 問2と問5を比較して，考えたことを書いてください。

☞ p.36 **Worksheet 2-2　就職面接の準備❶**

問1 自己分析：コミュニケーション能力，学業，その他の3つの項目について現時点でのあなたの強みと弱みを分析してみましょう。

	コミュニケーション能力について	学業について	その他
あなたの強み			
あなたの弱み			

問2 グループをつくり，問1で書いた内容について発表しましょう。自分の書いた内容とメンバーが書いた内容を比べて，気づいた点を書いてください。

問3 問1と問2を参考に，今後の対策について考えてみましょう。

	コミュニケーション能力について	学業について	その他
今後の対策			

第1部 テキスト

第2部 課題

☞ p.38

Worksheet 2-3　就職面接の準備❷

問1　自由討論：テーマ　「仕事に必要な能力について」

❶あなたの意見

❷パートナーの評価　（パートナー名：　　　　　　　　　　　　）

内容 ・コメント	伝え方 ・コメント

・結果：（採用・不採用）※○をつける

・採否の理由

❸パートナーからの評価と反省

❹自由討論に必要なスキルを分析してみましょう。

問2　インバスケット：テーマ　「あなたは無人島に1週間1人で滞在することになりました。ピストル・本・犬・筆記用具・ゲームのうち，持っていきたいものを3つ選び，優先順位とその理由を述べなさい」

❶あなたの意見

❷パートナーの評価　（パートナー名：　　　　　　　　　　　　　）

内容 ・コメント	伝え方 ・コメント
・結果：（採用・不採用）※○をつける	
・採否の理由：	

❸パートナーからの評価と反省

❹インバスケットに必要なスキルを分析してみましょう。

問3　面接の練習をして，あなたに必要な対策を考えてみましょう。

・伝え方

・内容

・その他

☞ p.40

Worksheet 2-4　他者の意見を聞き，評価する技術❶

問1　論題「猫は犬よりもよい」に関する❹~❺の主張に対して反論を考えてみましょう。p.41の図2-3に示した反論の数字を括弧に入れ，反論の理由を簡潔に書いてください。

❹猫は犬より賢いから

- 反論（　　　番）／理由：

❺猫は犬より値段が安いから

- 反論（　　　番）／理由：

❻猫は犬よりえさ代がかからないから

- 反論（　　　番）／理由：

❼猫は犬よりかわいいから

- 反論（　　　番）／理由：

❽猫は犬より清潔だから

- 反論（　　　番）／理由：

❾猫は江戸時代，人気のある動物だったから

- 反論（　　　番）／理由：

Worksheet 課題集 ❷

問2 論題:「大学生はアルバイトをすべき」について,反論を想定して賛成側と反対側の主張を組み立てましょう。

◉賛成意見

主張	大学生はアルバイトをすべき
理由	なぜなら
例	たとえば
結論	大学生はアルバイトをすべき

◉反対意見

主張	大学生はアルバイトをすべきでない
理由	なぜなら
例	たとえば
結論	大学生はアルバイトをすべきでない

問3 問2の主張に対して反論してみましょう。

◉賛成意見に対する反論

・反論(　　番)／理由:

◉反対意見に対する反論

・反論(　　番)／理由:

☞ p.42

Worksheet 2-5　他者の意見を聞き，評価する技術❷

問1　論題：「動物園を廃止すべき」について賛成側と反対側の理由をできるだけたくさん挙げてみましょう。

◉賛成意見

- ○
- ○
- ○

◉反対意見

- ○
- ○
- ○

問2　論題：「動物園を廃止すべき」について，反論を想定して賛成側と反対側の主張を組み立てましょう。

◉賛成意見

主張	動物園を廃止すべき
理由	なぜなら
例	たとえば
結論	動物園を廃止すべき

◉反対意見

主張	動物園を廃止すべきではない
理由	なぜなら
例	たとえば
結論	動物園を廃止すべきでない

問3 問2の主張に対して反論してみましょう。

◉賛成意見への反論

引用	
主張	しかし
理由	なぜなら
例	たとえば
結論	したがって

◉反対意見への反論

引用	
主張	しかし
理由	なぜなら
例	たとえば
結論	したがって

問4 グループをつくって，自分のつくった主張と反論を発表しましょう。

☞ p.44

Worksheet 2-6　自分の意見と他者の意見を比較する❶

問1　あなたは来月から一人暮らしをするために引っ越すことになりました。家を選ぶ時にどのような条件がありますか。好ましい条件と好ましくない条件に分けて，できるだけたくさんあげてみましょう。例）好ましい条件：「南向き」，好ましくない条件：「駅から遠い」。

◉好ましい条件

-
-
-
-
-

◉好ましくない条件

-
-
-
-
-

問2　今から不動産屋に相談に行くとします。あなたが上にあげた条件のうち，優先度の高いものから順に5つあげましょう。

1位	
2位	
3位	
4位	
5位	

問3 問2であげた条件がなぜあなたの家選びにとって重要なのか，理由を考えてみましょう。

1位	
2位	
3位	
4位	
5位	

問4 問2と問3であげた条件から，あなたはどのような価値観をもっていることがわかりますか。例：部屋の内装よりも立地を重視している。

問5 グループをつくって，問2と問3であげた条件と理由を発表しましょう。そしてそれぞれが部屋選びにおいてどのような価値観をもっているか，考えてみましょう。メンバーの意見に自分にはない条件や価値観があれば，以下に書いてください。

◉好ましい条件

◉好ましくない条件

問6 他の人の発表を聞いて，考えたことを書いてください。

☞ p.46

Worksheet 2-7　自分の意見と他者の意見を比較する❷

問1　論題：「大学生は勉強をするべきだ」についてブレインストーミングをしてみましょう。メリットとデメリットをできるだけたくさん考えてみましょう。

	大学生が勉強すること	大学生が勉強しないこと
メリット		
デメリット		

問2　論題「大学生は勉強をするべきだ」の目的をできるだけたくさん考えてみましょう。

問3　この論題に含まれる対象をできるだけたくさん考えてみましょう。
　　　例　大学生自身

問4 論題「大学生は勉強をするべきだ」に含まれる「大学生」「勉強する」について定義を考えてみましょう。

- 大学生とは？

- 勉強するとは？

問5 賛成側と反対側の主張を組み立てましょう。

- 賛成意見

主張	大学生は勉強するべき
理由	なぜなら
例	たとえば
結論	大学生は勉強をするべき

- 反対意見

主張	大学生は勉強をするべきでない
理由	なぜなら
例	たとえば
結論	大学生は勉強をするべきでない

問6 定義をおこなった後に主張をつくってみて、考えたことを書いてください。

☞ p.48 **Worksheet 2-8　テーマを分析する❶**

問1 論題:「日本政府は原子力発電所を廃止すべき」について分析をしてみましょう。現状とプラン後のメリットとデメリットをできるだけたくさん考えてみましょう。

	現状 [原子力発電所あり]	プラン後 [原子力発電所なし]
メリット		
デメリット		

問2 この論題の目的をできるだけたくさん考えてみましょう。

問3 この論題に含まれる対象をできるだけたくさん考えてみましょう。
例 地域住民, 日本政府

問4 賛成側と反対側の理由をできるだけたくさんあげてみましょう。

◉賛成意見

◉反対意見

問5 論題:「日本政府は原子力発電所を廃止すべき」について賛成側と反対側の主張を組み立てましょう。

◉賛成意見

主張	日本政府は原子力発電所を廃止すべき
理由	なぜなら
例	たとえば
結論	日本政府は原子力発電所を廃止すべき

◉反対意見

主張	日本政府は原子力発電所を廃止すべきでない
理由	なぜなら
例	たとえば
結論	日本政府は原子力発電所を廃止すべきでない

☞ p.50 **Worksheet 2-9　テーマを分析する❷**

問1　論題について分析をしてみましょう。現状とプラン後のメリットとデメリットをできるだけたくさん考えてみましょう。

	塾	家庭教師
メリット		
デメリット		

問2　この論題の目的をできるだけたくさん考えてみましょう。

問3　この論題に含まれる対象をできるだけたくさん考えてみましょう。

問4 賛成側と反対側の理由をできるだけたくさんあげてみましょう。

◉賛成意見

◉反対意見

問5 論題について賛成側と反対側の主張を組み立てましょう。

◉賛成意見

主張	塾は家庭教師よりよい
理由	なぜなら
例	たとえば
結論	塾は家庭教師よりよい

◉反対意見

主張	家庭教師は塾よりよい
理由	なぜなら
例	たとえば
結論	家庭教師は塾よりよい

第1部 テキスト

第2部 課題

☞ p.52

Worksheet 2-10　自分の意見と他者の意見をまとめる

問1　論題:「高校の制服を廃止すべき」について賛成側と反対側の主張を組み立てましょう。

◉賛成意見

主張	高校の制服を廃止すべき
理由	なぜなら
例	たとえば
結論	したがって,高校の制服を廃止すべき

◉反対意見

主張	高校の制服を廃止すべきでない
理由	なぜなら
例	たとえば
結論	したがって,高校の制服を廃止すべきでない

問2　問1の主張に対して反論してみましょう。

◉賛成意見への反論

引用	
主張	しかし
理由	なぜなら
例	たとえば
結論	したがって

◉反対意見への反論

引用	
主張	しかし
理由	なぜなら
例	たとえば
結論	したがって

問3 パートナーをつくって，自分のつくった主張と反論を発表しましょう。

◉賛成意見の総括

段階1	再反論	
段階2	整理・比較	
段階3	優位性	
段階4	結論	したがって

◉反対意見の総括

段階1	再反論	
段階2	整理・比較	
段階3	優位性	
段階4	結論	したがって

☞ p.54

Worksheet 2-11　ディベートの実践❶

問1　論題：「大学生は制服を着るべき」について，賛成側と反対側に分かれて，ディベートをおこないましょう。

❶賛成側立論　[担当者：　　　　　　　　　　　　　]

主張	大学生は制服を着るべき
理由	なぜなら
例	たとえば
結論	したがって，大学生は制服を着るべき

❷反対側立論　[担当者：　　　　　　　　　　　　　]

主張	大学生は制服を着るべきでない
理由	なぜなら
例	たとえば
結論	したがって，大学生は制服を着るべきでない

❸賛成側反駁　[担当者：　　　　　　　　　　　　　]

引用	
主張	しかし
理由	なぜなら
例	たとえば
結論	したがって

❹反対側反駁　[担当者：　　　　　　　　　　　　]

引用	
主張	しかし
理由	なぜなら
例	たとえば
結論	したがって

❺反対側総括　[担当者：　　　　　　　　　　　　]

再反論	
整理・比較	
優位性	
結論	したがって

❻賛成側総括　[担当者：　　　　　　　　　　　　]

再反論	
整理・比較	
優位性	
結論	したがって

☞ p.56

Worksheet 2-12　ディベートの実践❷

問1　論題:「動物園を廃止すべき」について，2人で賛成側と反対側に分かれて，ディベートをおこないましょう。その際，以下のフローシートに記入しましょう。

	❶賛成側立論 担当者＿＿＿＿＿	QA	❷反対側立論 担当者＿＿＿＿＿	QA
賛成側の 論点				
反対側の 論点				

❸賛成側反駁 担当者＿＿＿＿	❹反対側反駁 担当者＿＿＿＿	❺反対側総括 担当者＿＿＿＿	❻賛成側総括 担当者＿＿＿＿

第1部 テキスト

第2部 課題

☞ p.58　**Worksheet 2-13　ディベートの実践❸**

問1　試合の議論をまとめましょう。

問2　賛成チームの議論のよかった点と改善点を分析しましょう。

問3　反対チームの議論のよかった点と改善点を分析しましょう。

問4　ジャッジを担当して気づいた点を書きましょう。

●評価シート

◉個人得点

賛成側

役割	担当者	評価項目	点数	コメント
主張		内容	/5	
		伝え方	/5	
反論		内容	/5	
		伝え方	/5	
総括		内容	/5	
		伝え方	/5	

合計点　/30

反対側

役割	担当者	評価項目	点数	コメント
主張		内容	/5	
		伝え方	/5	
反論		内容	/5	
		伝え方	/5	
総括		内容	/5	
		伝え方	/5	

合計点　/30

◉判定結果

〔 賛成側の勝ち・反対側の勝ち 〕※いずれかに○をつける

判定理由：

評価項目

内容
1. 主張がはっきりしていた
2. 理由の説明がわかりやすかった
3. 例やデータが適切だった
4. 構成がまとまっていた
5. 興味深かった

伝え方
1. 声の大きさ
2. 話す速さ
3. 声の高低
4. 間の使い方
5. アイコンタクト

1点　改善が必要
3点　ふつう
5点　とてもよい
※内容，伝え方各5点満点で点数をつける

参考文献

青柳　宏　2005　はじめたらやめられない自己分析ワークシート　中経出版

安藤香織・田所真生子　編　2002　実践！アカデミック・ディベート―批判的思考力を鍛える　ナカニシヤ出版

石井　敏・久米昭元・岡部朗一　1996　異文化コミュニケーション―新・国際人への条件　有斐閣

上田晶美・細田咲江　2009　就職ディスカッション突破の10原則―パターン別攻略法をガイダンス　学習研究社

岡本太郎　1999　今日の芸術―時代を創造するものは誰か　光文社

小野田博之　2005　自分のキャリアを自分で考えるためのワークブック　日本能率協会マネジメントセンター

金沢吉展　1992　異文化とつきあうための心理学　誠信書房

菊池章夫・堀毛一也　編著　1994　社会的スキルの心理学―100のリストとその理論　川島書店

香西秀信　1995　反論の技術―その意義と訓練方法　明治図書出版

木幡健一　2002　「プレゼンテーション」に強くなる本―論理の組み立て方から効果的アピール術まで　PHP研究所

小林康夫・船曳建夫　編　1994　知の技法―東京大学教養学部「基礎演習」テキスト　東京大学出版会

ジーゲルミューラー, G. W.・ケイ, J.・九州大学大学院比較社会文化学府言語コミュニケーション研究室　2006　議論法―探求と弁論　花書院

シャイン, E. H.　Edgar H. Schein　原著　金井寿宏　訳　2003　キャリア・アンカー―自分のほんとうの価値を発見しよう　白桃書房

社会人基礎力養成講座事務局　編著　2007　社会人基礎力養成講座　役立つ職場のマナー　阪急コミュニケーションズ

専修大学出版企画委員会　編　2009　知のツールボックス―新入生援助（フレッシュマンおたすけ）集　専修大学出版局

外山滋比古　1986　思考の整理学　筑摩書房

外山滋比古　2008　知的創造のヒント　筑摩書房

立花　隆・東京大学教養学部立花隆ゼミ　1998　二十歳のころ―立花ゼミ『調べて書く』共同製作　新潮社

千葉和義・真島秀行・仲矢史雄　2007　サイエンスコミュニケーション―科学を伝える5つの技法　日本評論社

築山　節　2006　脳が冴える15の習慣―記憶・集中・思考力を高める　日本放送出版協会

戸田山和久　2002　論文の教室―レポートから卒論まで　日本放送出版協会

中島祥好・上田和夫　2006　大学生の勉強マニュアル―フクロウ大学へようこそ　ナカニ

シヤ出版
波平恵美子　編　2002　文化人類学―カレッジ版　医学書院
野矢茂樹　2001　論理トレーニング101題　産業図書
橋本　治　2007　いま私たちが考えるべきこと　新潮社
橋本　治　2005　ちゃんと話すための敬語の本　筑摩書房
平木典子　1993　アサーショントレーニング―さわやかな「自己表現」のために　日本・精神技術研究所
比留間太白・山本博樹　編　2007　説明の心理学―説明社会への理論・実践的アプローチ　ナカニシヤ出版
深田博己　1999　コミュニケーション心理学―心理学的コミュニケーション論への招待　北大路書房
松本　茂　1996　頭を鍛えるディベート入門―発想と表現の技法　講談社
丸野俊一　1988　知能はいかにつくられるか　力富書房
溝上慎一　編　2001　大学生の自己と生き方―大学生固有の意味世界に迫る大学生心理学　ナカニシヤ出版
八代京子・町惠理子・小池浩子・吉田友子　2009　異文化トレーニング　三修社
八代京子・樋口容視子・コミサロフ喜美・荒木晶子・山本志都　2001　異文化コミュニケーション・ワークブック　三修社

Austin J. Freeley, & David L. Steinberg　2008　*Argumentation and Debate: Critical Thinking for Reasoned Decision Making*　Wadsworth

Trevor Sather 編 1999 *Pros and Cons: A Debater's Handbook*　Routledge

著者紹介
中野美香（なかの みか）
九州大学大学院比較社会文化学府国際社会文化専攻博士後期課程修了。博士（比較社会文化学）。現在，福岡工業大学教養力育成センター教授。

主著
議論能力の熟達化プロセスに基づいた指導法の提案　ナカニシヤ出版, 2011.「福岡工業大学電気工学科の1年生を対象とした1年間のディベート教育の効果」電気学会論文誌 A **130**（1）81-86, 2010.「電気系学生のコミュニケーション能力の育成を目的とした教育設計」電気学会論文誌 A **129**（5）379-385, 2009.「実践共同体における大学生の議論スキル獲得過程」『認知科学』**14**（3），398-408，2007．説明の心理学——理論と実践　比留間太白・山本博樹（編）　第4章「説明と口頭表現」ナカニシヤ出版 pp.53-64，2007。

日本コミュニケーション学会35周年記念論文奨励賞受賞（2006）。日本認知科学会奨励論文賞受賞（2008）。日本工学教育協会研究講演会発表賞受賞（2009）。九州工学教育協会賞受賞（2010）。

ウェブサイト
コミュニケーション教育のための教授学習支援プログラム
https://www.fit.ac.jp/~nakano/
上記サイトにて本書教授資料をダウンロードできます。

大学1年生からのコミュニケーション入門

2010年　8月30日	初版第 1 刷発行
2024年　9月10日	初版第17刷発行

（定価はカバーに表示してあります。）

著　者　中野美香
発行者　中西　良
発行所　株式会社ナカニシヤ出版
〒606-8161　京都市左京区一乗寺木ノ本町15番地
Telephone　075-723-0111
Facsimile　075-723-0095
Website　http://www.nakanishiya.co.jp/
Email　iihon-ippai@nakanishiya.co.jp
郵便振替　01030-0-13128

印刷・製本＝ファインワークス／装幀＝白沢　正
Copyright © 2010 by M. Nakano
Printed in Japan.
ISBN978-4-7795-0469-3

本書のコピー，スキャン，デジタル化等の無断複製は著作権法上の例外を除き禁じられています。本書を代行業者の第三者に依頼してスキャンやデジタル化することはたとえ個人や家庭内の利用であっても著作権法上認められていません。